Wilhelm Ludwig Wekhrlin

Paragrafen

Wilhelm Ludwig Wekhrlin

Paragrafen

ISBN/EAN: 9783744654760

Hergestellt in Europa, USA, Kanada, Australien, Japan

Cover: Foto ©Suzi / pixelio.de

Weitere Bücher finden Sie auf **www.hansebooks.com**

Wekhrlin's
Paragrafen.

Paragrafen.

von

Wekhrlin.

Erstes Bändchen.

—◆—

1791.

Wenn man sich bei seinen Freunden im Andenken erhalten; wenn
man nur durch kleine Züge gefallen
möchte, wobei sich bequem denken
läßt; mit Einem Wort, wenn man

A 3   auf

auf Mehr nicht Anspruch macht als,

zuweilen an der Tafel oder auf dem

Schäferbett angeführt zu werden: so

schreibt man — Paragrafen.

Wekhrlin.

Der

Der XXste Februar.

Ich lese Sueton's Cäsarn: Prodigien ver-
kündigten den Tod der Auguste, des
Tibere, der Nerone und Domitiane.

So was geschieht nimmer. Cäsar-Jo-
seph stirbt — und man legt die Trauer an.
Dies ist Alles. Die Natur giebt kein Zeichen: die Götter kümmert's nicht: und die
Apotheosen sind außer Mode.

Ich lese weiter. Siebenzehen Präsagien
weißagten Augusts Glük; Ostente giengen
seinem Tod vorher; ein Bliz löschte an der
Innschrift seiner Statue den ersten Buchsta-

A 4   ben

ben aus. Bei dem Tode Kaligula's schlug
der kapitolinische Jupiter eine laute Lache
auf — wie konnt' er's auch zurükhalten!
Nero'n träumte in der Nacht vor dem Auf-
bruche des Vindex, sein Leibklepper hätte
sich in einen Affen verwandelt. Zu gleicher
Zeit hörte man eine Stimme aus dem Mau-
soleum, die ihn beim Namen rief; und die
Laren, welche zur Feyr des Neujahrtags auf-
geputzt waren, purzelten beim Opfer durch-
einander.

Bei Joseph's Tod — Vergleichungen sind
oft lehrreich — lacht kein Gott — nicht einmal ein Heiliger, nur die Brabanter; keine
Götzen tanzen in ihren Nischen, nur das
Mauth- und Urbarialsystem zittert.

So ändern sich Zeiten und Götter? —
Nicht ganz. Unter Saturn war's, wo das
goldene Alter herrschte. Er wiederholt heur
seinen Lauf.

Redeunt Saturnia regna
Jam nova progenies coelo demittitur alto.

Sollten

Sollten sich die Teutonen über der Wahl
Cäsar des CXXIIIsten die Hälse brechen?
Ah! Es ist so schön seinen Hals zu behal-
ten und unter Leopold's Zepter zu leben.

———————————

Mein

Mein Egoism.

Ich — Aufklärer? So viel Stolz besitze ich nicht. Die Natur behauptet überall ihre Rechte. Es verhält sich mit der Publizität wie mit dem Akerbau: Kunz und Heinz säen, und die Erde giebt das Gedeihn.

Warum schlug, zum Exempel, die Aufklärung nicht fort, als die Aretin, die Hutten, die Erasme journalisirten. Sind wir etwan beßere Lauern? — Weil die Ernde noch nicht reif war. Es war eine gewiße Gährung und Reibung der Geister nötig, um das Licht, welches in unsern Köpfen und Herzen glühet, zu entzünden. Diese Gährung ist das Werk der Natur, der Zeit und des Publikums.

Ein Schriftsteller thut also Alles, für sein Theil, wenn er Schutt abträgt, um

dem Fluße Beth zu machen: für's Ubrige
sorgt das Schiksal — und zwar nach demselben Regeln und aus demselben Grunde,
warum wir aufhörten, Eicheln zu fressen
und izt Milchkräpfchen naschen.

Was Mich — der Apostel Geringsten —
betrift, ich bin mehr als zu glüklich, wenn
man meinem Herzen Gerechtigkeit läst. Ich
bekenne gern, daß dieses weit mehr Antheil
an meinen Blättern hat, als der Genie; und
willig trette ich meinen Milbrüdern das
Verdienst des Wizes und des Geistes ab,
wenn sie jenes des Herzens mit mir theilen mögen.

Der einzige Anspruch, in Wahrheit, den
ich wage. Sonst bin ich von allen übrigen
frei — selbst von dem auf den Beifall der
Rezensenten.

— Das wollten Sie nicht glauben, meine Herren von der Stechbahn? Aber wie
soll man's immer machen, Sie zu befriedi-
gen, Ihrem Spott zu entweichen! Werden
Sie

Sie es wol eingehen, wenn ich Sie versichere, daß ich nicht die geringste Ursache habe, mit der Welt so unzufrieden zu seyn, wie Sie.

Nichts ist gewisser. Mein Planet hat unendlich für mich gesorgt. Ich lebe in jener beglükten Dunkelheit, die, wie man sagt, der Wunsch der Könige und der Weisen ist; in einer Sphäre, wo man Nichts von Staatsgräueln, von Machtstreichen, von dem Neronism sieht, der anderwärts die Völker empört, und die Philosophen mißmütig macht. Dank sei meinem Schiksal: die Regirung, worunter ich athme, ist eben so sanft wie der Horizont und das Temperament seiner Bewohner.

Ich schreibe also ohne Plan. Meine Feder ist so harmlos wie meine Seele. Stünde es in meiner Wahl, so möcht' ich, statt mit Windmühlen zu thurniren, lieber Etwas im Geiste der Montaigne, der Horaze, der Chaulieu, oder meines Anton Wall sagen. Aber umsonst streitet man wider seinen Beruf:

ruf: Jupiter verkürzt dem Stiere die Hör-
ner, weil er nicht fechten, sondern pflü-
gen soll.

Sie

Sie mögen wohl Recht haben.

Vergnügen, allmächtiger Beherrscher der Erde, der Menschen und der Götter! Du, vor welchem Alles, bis auf die Vernunft selbst, weicht, du weißt, wie dich mein Herz anbethet. Du kennst alle Opfer, die ich dir gebracht habe. Unwürdig wäre ich deiner Wohlthaten, könnt ich dafür undankbar seyn.

Nein: die ganze Welt wiße es, daß ich die Aufhebung der geistlichen Keuschheit für die Menschenfreundlichste, weiseste, und sublimste aller Motionen halte, welche die Nationalversammlung jemals in Erwägung gezogen. Schöpfung: Dies ist die wahre Kunst Götter vorzustellen. Sind Regenten und Gesezzgeber Sinnbilder der Gottheit, so mögen sie hier anfangen.

Und diese Wahrheit konnte man Jahrtausende lang verkennen! Wie: die Priester
haßten

haßten das Vergnügen, und nennten sich doch Weltweise? Kan es eine Philosophie ohne Genuß des Vergnügens geben. Nimmermehr. Die Götter schufen die Wollust nur für die Weisen; Narren saufen die Hefe.

Man muß gestehen, der Pabst hatte zuweilen sehr lustige Einfälle. Er hielt sich für stärker als die Natur. Sehet, wie sie ihn für diesen Irrthum bestraft; wie sie sich für die Verbrechen, so seine Söhne an ihr begiengen, rächt: nicht ein einziges schönes Herz erwekt sie ihm nun, welches eine Fürbitte für ihn einlegen, welches seinen Fall aufhalten, ihn im Unglük trösten könnte.

Die

Die naife Frage.

—

— Sie sind ein rarer Sterblicher — sagte jüngst der muntere Erzherzog Alexander zu Nestor-Kaunitz — Sie haben Fünf Jahrhunderte gesehen.

„Eben nicht Jahrhunderte, mein Prinz: aber soviel Regirungen.„

— Gut. So wollt' ich sprechen. Belehren sie uns nun, dörfen wir bitten, womit möchten sie ihr Leben vergleichen?

„Mit einem Sommertag. Auf die Nacht, welche unter Leopold I das Firmament beherrschte, fieng es mit Joseph I an, zu dämmern. Unter Karl VI lebte man zwischen Nacht und Tag. Marie-Theresen's Regirung glich dem Morgenschimmer eines hellen Tags. Er erschien mit Joseph II, war aber kurz, wie das Mittagslicht. Ich schäze

mich

mich glüklich, in der reinen Abendsonne, die uns die Regirung Leopolds II verspricht, einzuschlummern.

Diese Lection — man sagt, sie wäre war — ist sinnreich. Vermuthlich wird sie sich der Prinz merken. Kürzer und besser läßt sich die neuere Geschichte des österreichischen Staats nicht geben. So lehren nur Minister-Professore.

Allein wäre es Alles, was uns der Fürst lehren könnte? Nein. Gnädiger Herr, könnte man darauf versezen: sie sind nicht nur der beste Professor der Geschichte der Staaten, sondern auch das merkwürdigste Muster der Geschichte des Menschen; denn sie lehren uns, wie man sich selbst überleben müsse. Von dem Friedensschluß zu Achen an, bis auf den zu Reichenbach, wie oft überlebten Sie Sich nicht!

————

Der kleine Katechism.

Die bewegende Kraft in der Natur, die Seele der Welt, kan nicht geläugnet werden. Man nenne sie Gott — und er ist da; man nenne sie Natur (in so fern solche thätig ist,) — und es ist Nichts verlohren. Dort vereinigen wir uns mit der Sprache der Theologen, hier mit jener der Philosophen.

Es ist Etwas — Unwiderstehbare Wahrheit! Es mus von Ewigkeit her Etwas gewesen seyn (vom Nichts zum Etwas giebt's keinen Uebergang) — Unaufhaltbarer Schluß!

— Aber WAS ist's? Hier liegt der Sperrbaum, vor welchem Simonide und Helveze stillstehen.

Du

Du denkst, Mensch: — aber erst seit Kurzem. Warst du nicht immer ein denkendes Wesen, wo ist nun der Beweis, daß du es immer bleiben wirst? In deiner Perfectibilität? Aber man sezt ja unserer Organisation Gränzen. In der Analogie der Natur? Aber wir kennen ja kein einziges Wesen, welches den einmal erreichten Grad seiner möglichen Vollkommenheit nicht verlöre: aus dem Embryon wird ein Kind; aus dem Jüngling ein Mann; aus dem Mann ein Doktor — oder ein Narr; aus Beiden wieder ein Kind. Die träge, häßliche Raupe verwandelt sich in einen Schmetterling, den Stuzer im Insektengeschlecht, nie aber in einen Adler.

— Wie? Der Sprung gienge also rukwärts! So ist's. Der Schmetterling, wenn er einige Zeit den Kohl oder die Rose umflattert hat, kehrt wieder zu den Elementen (das heißt in Staub) zurük, woraus er entstund.

Sehet

Sehet da das Räthsel. Alles dreht sich
im Zirkel, Nichts aufwärts. Ueberall ist
nur Metamorphose. Das unbekannte Etwas
allein ist erhaben, selbstständig, unverän‑
derlich.

A quel-

A quelque chofe le malheur eſt bon.

Man muß geſtehen, daß Rebellionsfieber iſt ein garſtiges Ding. Es iſt die maladie honteuse der Politik. Welche Wehen macht es nicht! Bei jedem rauſchenden Blatt zittern übelbefeſtigte Regirungen; bei jeder ſauren Miene eines entſchloßenen Mannes taumelt ein ſchlechter Beamter. Man ſagt, daß in gewißen Städten den Rathsherren der Schweiß auf die Stirne tritt, wenn ſie einer Laterne begegnen. Vermuthlich wird es beim großen Friedensſchluß, womit ſich die Welt beſchäftigt, in Vortrag kommen, die Laternen in Europa abzuſchaffen.

Allein die Natur thut, wie das alte Sprüchwort ſagt, Nichts umſonſt. Wäre kein Aufruhr ſo hätten Hohlköpfe und Aufklärungsfeinde keine Gelegenheit, die Philo-

B 3   ſophie

ſophie zu verſchreyen: manchem boshaften
Beamten entgienge ein Mittel, ſich an ei=
nem Unterthan zu rächen, indem er ihn für
übelgeſinnt einberichtet: der Neid und die
Niederträchtigkeit verlöhren den ſchönen Au=
genblik, ehrlichen Männern eine Kleze an=
zuhängen.

So iſt das Unglük immer zu Etwas gut.
Es lebe die Rebellion! Unterdeß möcht' ich
doch jenen Herren ins Ohr ſagen, daß ſie
ſich's merken möchten, ein Philoſoph ſchäze
den Poebel zu gering, um ſeine Ruhe für
ihn aufzuopfern. In ſeinen Augen iſt die
Welt nicht werth, daß ſich ein Weiſer um
ihr Schikſal bekümmert; und die Regirung
und ihre Beamten fodern zu Viel, wenn ſie
glauben, daß ſich die Vernunft für Narren
und Schurken in Gefahr ſezen würde.

Frie=

Friederich II.

Es ist mir unbegreiflich, wie man seit 57 Jahren behaupten konnte, Friederich II hätte niemals auf dem Altar Hymen's geopfert. Weiß man doch, mit welchem Gefühl er Anakreon, Ovid, Chaulieu, Gresset las. Diejenigen, welche es behaupten, zeigen also, daß sie weder die Welt noch das menschliche Herz kennen.

Die Kammerdames der Königin sollten vielleicht anderst reden. Dies ist einer von den Fällen, wo Zofen mehr Glauben verdienen, als Pedanten.

Die Liebe, die stärkste und mildeste unter allen himmlischen Mächten, übt ihre Herrschaft über Alles aus, besonders aber über schöne Geister. Ich bin überzeugt, daß Friederich II, der Nebenbuhler Voltaire's

und

und Crebillon's, das Vergnügen kannte.
Allein er genos es als Weltweiser, das
heißt, mit Empfindung und Geist. Ein solcher Genuß fällt nicht in Alltagsaugen.

Das Fräulen von Kametz, nachherige
Frau von Veltheim, welche den Kammer-
dienst damals hatte, urtheilte anderst von
der Brautnacht Friederich's II als sein
Biograf.

Ein

Ein Reisender

über

Calliostro.

Ja: es giebt eine Magie: es ist die Macht, welche schlaue Köpfe über schwache haben. Es giebt einen Mann in Europa, der diese Macht in souveränem Grad besizt: es ist Calliostro.

Ich kenne diesen Mann. Ich sah ihn zu Smirna, zu Salonichi, auf Malta, zu Venedig, zu Wien, zu Paris. Beinahe in allen Weltgegenden, die ich bereiste, fand ich ihn.

Der Graf Calliostro weis Nichts. Er ist vielleicht der ununterrichtetste Sterbliche auf der Erde. Aber er macht auf desto Mehr Ansprüche.

B 5

Sein

Sein Motto ist: benuze die Thorheit der Menschen. Dieses Motto besizt er nicht nur in der Theorie; er hat es in die strengste Praxin gebracht, in welche man es jemals zu bringen wuste.

Es ist nicht wahr, daß er das Pulver der Unsterblichkeit machen kan: aber er kan Gold machen. Er kan nicht hexen; aber er beherrscht ein Reich von Geistern. Gold macht er aus dem Beutel der Düpen, welche zur Loge gehören, deren unbekannter Monarch er ist: seine Geister sind die unermeßliche Anzal von Eingeweihten, die er an der LeineÏhat.

Ich sah ihn in verschiedenen Rollen. Zu Benedig machte er den Adepten, zu Wien den Professor der Negromantie, zu Aleppo den Bankier. Seine wahre Rolle ist, glaube ich, die eines türkischen Spions.

Callioftro's Force ist unermeßliche Welt- und Menschenkenntnis. Durch diese herrscht er über jeden Zirkel, in den er sich versezt.

Zu

Zu dem Ende sucht er nur große Pläze, und auf solchen die schönste Welt auf. Beide müßen ihm zur Quelle und zum Absaz dienen.

Nicht ein einziges persönliches Merite hat dieser Mensch. Er ist Jud von Herkunft und Karakter. Sogar seine Figur taugt Nichts. — Aber wie läßt sich dem Mann widerstehen, der uns Mädchens in Arm zaubern kan.

Die Gräfin Serafina ist ein wahrer Nikkel. Sie riecht noch nach dem Bordell, aus dem sie herkam. Cagliostro nahm sie nicht aus Inclination, sondern zum Meuble. Für seine Boutike war eine anziehende Schönheit, Was gemeinen Quaksalbern ein Affe oder ein Arlekin ist.

Der Pactolus dieses Mannes hat seine Quelle zuverläßig im Kanal von Konstantinopel. Kein Hof in Europa bezalt, wie man weis, seine Spione beßer, als die Pforte. Ein Diamantenhandel, den Cagliostro damit verknüpfte, nebst seinem Logefürstenthum: hier sind seine Goldgruben. Man ist

ist nicht viel weniger als König, wenn man
auf dem Thron der Salomone und der Hi=
ram sizt.

Um über Callioſtro das Urtheil zu fäl=
len, müſte man, glaube ich, die Frage zu=
vor entſcheiden: iſt's erlaubt, die Welt zu
betrügen?   Da eine berühmte Akademie
dieſe Frage durch den Preis, den ſie dar=
auf geſezt, zum Problem erklärt hat, war
es einem Callioſtro nicht erlaubt, ſich daran
zu üben!

Das

Das Nebenſtük.

Aber warum fiel dieſer ſchlaue, dieſer durchgehezte Fuchs in die Falle? Warum muſte er ſeine Rolle gerade an einem Ort enden, wo man ſich's am wenigſten verſehen ſollte? Wie kam's, daß Callioſtro zu Rom, dem toleranteſten Plaz für Ebentheurer und Scharlatane, den Hals brechen muſte?

Hier iſt das zweite Problem.

Vergas er etwan die Polizei und ihre Sbirren zu beſtechen? Hatte die Wirkung von Serafinchens Reizen aufgehört? Oder ſpielte ihm der .... ſche Geſandte eine tour du mêtier?

Könnten wir ſeinen Geiſt beſchwören, ſo wie er andere beſchwor: ſo würde er vielleicht ſo ſprechen:

„Nicht

„Nicht alle Schlangen, welche ſtarren, ſind todt. Der Jeſuitiſm iſt nicht Das, wofür man ihn zu Berlin ausgiebt; aber er lebt noch. Ich kan es auf meine Koſten ſagen.„

„Die große Springfeder, die ſich der Orden des Ignaz nach ſeiner Aufhebung vorbehielt, und die er tief in ſeiner Bruſt verwahrt, iſt — eine Revolution in der Hierarchie.„

„Tauſend Fäden, die ihr ſehet — und nicht ſehet — hängen mit dieſem Plan zuſamm, deſſen Zwek iſt, den römiſchen Stul zu ſtürzen und umzuformen.„

„Auch Mir erwies man die Ehre, mich unter die Werkzeuge zu reihen, die man dazu brauchen könnte. Ich lies es geſchehen, weil ich glaubte, daß Nichts außer meiner Boutike liegen müße, und weil ich mich für überlegen genug hielt um Jeſuiten zu betrügen, und ſie an meiner Leine zu führen.„

„Traun!

„Traun! Ich betrog — mich. Anstatt
die Jesuiten zu meiner Düpe zu machen, wie
mir meine Eitelkeit schmeichelte, ward ich die
ihrige. Man war auf seiner Hut; man beobachtete, man durchblikte mich. Man lies
eine Miene springen; sie schleuderte mich
sechs Treppen hoch, um meine Stükchen den
Engeln vorzuspielen.„

Moral: Das Leben und Ende des Gra-
fen Cagliostro wäre also der zweite Band zur
Geschichte des Illuminatism in Bayern?!

Politische Aſtronomik.

Wie lang werden ſich die Menſchen noch um den Punkt des wahren Geſellſchaftſyſtems herumtaumlen. Sie kommen mir vor wie Knaben, welche die blinde Kuhe ſpielen.

—In der Natur, ſagt ihr, liegt er.

Gut: Aber wie offenbarte ſie euch Dies. Wodurch giebt ſie ihre Orakel zu erken‐ nen. Durch Inſtinkt?

Aber der iſt ſich ja nicht gleich. Unend‐ lich zalreichere Völker, als ihr, leben unter dem Monarchiſm oder Despotism; und ſie leben mit Hang darunter. Die republikani‐ ſche Form iſt, in Vergleichung der Zeit, ſehr neu. Hat ſich die Natur jemals gegen Men‐ ſchen erklärt, ſo wars vermuthlich gegen je‐ ne, die ihr am Nächſten ſtunden. Inzwi‐ ſchen

schen waren die ältesten Gesellschaften, soviel wir wissen oder glauben, patriarchisch
— das heißt unumschränkt.

Durch die Stimme Franklin's und Rousseau's? Aber warum kam dieses Orakel so
spat; warum ist sein Wirkungskreis so be-
schränkt; warum findet es Widerspruch?

Vergönnet, daß ich meinen Traum mit
den eurigen vermenge. War es jemals die
Meinung der Natur, daß sich die gesell-
schaftliche Ordnung nach ihr formen sollte;
und dachte sie jemals das Menschengeschlecht
zu würdigen, es in der Politik zu unterrich-
ten: so ist's vermuthlich durch's Planeten-
system.

Deutlicher, sichtbarer, unumschränkter
konnte sie sich doch nicht erklären. Wenn
man das Radwerk, das Spiel und die ewige Ordnung der natürlichen Maschine betrachtet: so ist's zum Erstaunen, daß wir
noch um die Einrichtung der sittlichen in
Verlegenheit seyn können.

An's Glük.

Gewidmet

den Maitreffen

der Herren van der Noot und Mirabeau.

———

Drei Schritte vom Leib, falsche Sirene! Ich entsage dir auf ewig.

Nimm deine Lokungen, deine Reize, deine Schmeicheleyen zurük; und laß mir meine Freiheit.

Auf diesem Hügel *), zufrieden mit den wenigen Freunden, die du mir ließeft, will ich nur mit der Natur leben.

Umgeben von ihren unschuldigen Wollüsten, will ich Mir, den Musen und meiner Freundin leben.

Hier

*) Geschrieben zu Schloß-Hochhaus, einem Hügel im Fürstenthum Oettingen - Wallerstein.

Hier ist's, wo ich, erhaben über die Pfeile des Neids und der Kabale, im seligen Genuß der Unabhängigkeit, mein Held, mein Souverän und mein König bin.

Einsamer Hayn, der du mich mildreich aufnahmst, als ich von Furien verfolgt war, sei umarmt: sei mir fortan Was du mir bisher warst, meine Wonne, mein Asyl, mein Fürstenthum.

„Wenn Andere in Höfe sich vergaffen:
„O, wie lach ich der Thoren!
„Du bist für mein Herz geschaffen,
„Und ich für dich.

Ehren, Würden, Güter — Eure Täuschungen lernte ich kennen. Entschloßen entrann ich euren vergoldeten Ketten.

Vergessen von der Welt lobe ich mir, im seligen Mittelstande, mein Schiksal, und wäge meine Wünsche nach meinem Vermögen ab.

Wenn

Wenn das Vergnügen der Liebe, jenes himmlische und unauslöschliche Feur, in meinen Adern erwacht: dann fühle ich das Daseyn der Gottheit.

Dankbar folge ich dann dem Zuge meines Glüks, und suche mir ein simpathetisches Geschöpf auf.

Dieses finde ich im Schooße der Natur; und, weit entfernt gegen die Wohlthat meines Schöpfers unempfindlich zu seyn, preise ich ihn, in den Armen des Vergnügens, für seine Gaben, für die Gesundheit meiner Nerfen, für mein frisches Blut und für meine Empfindbarkeit.

So bin ich immer glüklich, immer groß, immer vergnügt. Jeder Tag lacht mir, und jede Nacht küßt mich.

Die ihr unter euren schimmernden Dächern meiner Einfalt spottet — Deine Sklaven! — wisset, daß ich euch längst nimmer beneide.

Mich

Mich verfolgt der Lebensekel, euer ge=
schworner Feind, nicht. Ohne Furcht und
ohne Unruhe sehe ich von weitem ins Welt=
getümmel; ich fliehe von diesem Bild zu der
Natur, und von der Natur zur Arbeit.

Denn, wenn es gefährlich ist, mit dir
zu leben, falsche Hexe: so ist's Weisheit,
deine Touren und dein Spiel zu betrach=
ten.

Bade=

Vademecum im Purpur.

Was ich bei der Krönungsreise Leopold's II wahrnahm, das fiel nicht Jedermann auf. Es war in der Ese einer von jenen Poststellen, wo der König mit Kanonen, Paraden, Anreden und all dem betäubenden und kleinstädtischen Lärm des heiligen römischen Reichs Hofkunst empfangen wurde.

Drei Schritte vorwärts sah ich einen der Erzherzoge ein Buch aus der Tasche ziehen, und es seinem Herrn Vater überreichen. Es scheint, daß der König im Wagen ließt.

Eines meiner Augen hätte ich in diesem Moment dafür gegeben, wenn ich gewußt hätte, was es für ein Buch war; wenn ich den beneidenswürdigen Schriftsteller nennen könn-

könnte, der so glüflich war, dem Monarchen die Zeit zu verkürzen.

Dieses sichtbare Schmachten nach Ruhe des Geists; dieses Streben zum Genuße seines Selbsts war rührend. Die Knie beugten sich über diesem Anblik unter mir; ist's möglich, sprach ich zu mir selbst, daß man einen Fürsten eine Zeit anwenden sieht, welche wohl die wenigsten seiner Ahherren auf eine ähnliche Art zubrachten!

Der

Der Einſiedler von Athos *)
bei der Zeitung.

Du ſollteſt es alſo noch erleben, glüklicher Kläusner, daß Licht und Recht in der
Welt aufgienge? Allzuglüklicher Einwohner
vom heiligen Berge, du ſollteſt mit deinen
grauen Augen noch ſehen, daß das Ungeheur der willkührlichen Macht zu Boden
ſtürzte? Jener Despotism, der dich öfters
in nächtlichen Geſichten ſchrökte, wenn er
dir als ein Koloß erſchien, deſſen Kopf an
die Wolken, die Füße in die Hölle ſtießen,
der ſollte vor dir zerſchmettert da liegen?

Wie

---

*) Möchte ich alle Welt, beſonders aber den-
kende Geiſter, durch dieſen Paragraf auf jenes auserleſene Schriftchen aufmerkſam machen können, welches mir die Idee dazu gab
— Die Nachtwachen des Einſiedlers
von Athos, 1790. (!)

Wie wird mir! Trügt mich mein Auge
oder mein Ohr! Habt Mitleid, ihr Leute,
mit einem einfältigen Mönch, und foppet
ihn nicht durch gedrukte Lügen.

Allmächtiges Wesen — Menschenvernunft!
ich beuge mich. Zu den Füßen deines Ur-
bilds, der Gottheit, werfe ich mich in Staub,
und bekenne: Ja, es wird eine Zeit kommen — es muß eine kommen, wo man dich
endlich siegen siehet; —

Eine Zeit, wo die Pfeiler der bürgerlichen Verfassung ihre Grundfeste finden, und
die Welt einsehen wird, daß Nichts als
freiwirkende Vernunft und in Ehren gehal-
tene Menschnatur ihr gesellschaftliches Glük
machen kan.

Einst, sage ich, wird man erkennen, was
du durch deine Söhne, die Philosophen,
predigtest, daß nur diejenige Staatsverfassung die schönste und sicherste sey, welche
man *) stündlich dem Urtheil des allgemeinen Menschenverstands unterwerfen kan.

E 5

Die

*) so wie z. E. die Brittische.

Die du vom hohen Olymp herab die
Schiksale der Sterblichen an Fäden ziehest,
ewige Weisheit, dringen die Seufzer eines
Waldbruders zu dir: so segne die sproßende
Freiheit — dein Meisterstük — und be-
schneide alle wilden Auswüchse daran, damit sie nicht im Keim erstike.

Ihr aber, die ihr einst meinen Grabhügel umkränzet, ihr jüngern Eremiten, er-
innert euch: wenn die unerforschlichen Götter beschlossen haben, daß jene Pflanze nicht
zur Blüte kommen soll — weil sie das gegenwärtige Menschengeschlecht noch nicht reif
dazu finden — so wird der Versuch nichts-
destoweniger ein ewiger, und ehrenvoller
Denkzug in der Geschichte der Welt, und
für ein späteres Geschlecht ein Wink zu dem
bleiben, was möglich sey.

Litteratur
der Philosophie und schönen Künste.

Ich weis einen Dilettanten der Philosophie und der Alterthümmer, der seit Jahren
an einem originalen Werk über Faunen,
Satyrn, Pan, Silen, Aegipanen und Sil-
vanen arbeitet; ein Werk, welches, wenn
der Verfasser, statt auf teutschem Boden, in
Italien lebte, und die Kunstwerke, so uns
aus dem Alterthum übrig geblieben sind,
und auf sein Sujet Beziehung haben, in
den Originalen sehen könnte, für den Psy-
chologen (so wie man, dem Gemälde eines
schlafenden Endymion gegen über, Hamlets
Monolog kommentiren kan,) den Antiquar,
den Artisten u. s. w. gleich wichtig werden
würde.

Aber Winkelmann hat Recht. Eine Geometrie kan man in Sibirien schreiben: über
Mate-

44

Materien, die mit der alten Kunst zusamm-
hängen, schreibt man nur am Po und am
Silaris. Wenige sind so glüklich, das Deus nobis haec otia fecit auf sich anwenden
zu können.

Was meinen Verfasser inspirirt, ist blos
sein Genius.

Hic me tam graciles vetuit contemnere musas,
Iussit et Ascraeum sic habitare nemus.

Propert.

Wenn man will, so wird man sein Werk,
dessen Existenz wichtige Hindernisse noch auf
einige Zeit verzögern werden, als einen phi-
losophisch-antiquarischen Kommentar über
Maro's wunderschöne Ekloge „Silen, oder
die Vergnügung der Faunen ꝛc." und über
Nemesias 3te Ekloge ansehen können.

Irre ich mich nicht, so scheinen jene zwei-
deutigen Wesen der alten Welt, die Faunen
und Satyren, der drollige Silen nebst Pan,
dem Mittagschläfer im Schatten heiliger
Wäl-

Wälder, mehr Recht auf unſere Bewunderung, auf unſer Intereſſe zu haben, als die
metaphyſiſchen Weſen der neuern Welt, die
Feen, die Engel und Teufeln; weil ſie mehr
Analogie mit unſerer Natur haben.

Den Beweis könnte man aus den zuver-
läßigſten der alten Dichter, und aus den
Viſionen faſt aller ſchönen Seelen nehmen,
welche die Natur mit Liebe zu den Wäl-
dern —

nobis placent ante omnia ſylvae

— und mit einer reichen und fruchtbaren
Einbildungskraft dotirt hat. Aber ich be-
gnüge mich, meinen Liebling Greſſet anzu-
führen.

Aux yeux, que Calliope éclaire,
Tout brille, tout penſe, tout vit.
Ces ondes tendres et plaintives
Ce ſont de nymphes fugitives,
Qui cherchent à ſe dégager
De Iupiter pour un berger.
Ces fougéres ſont animées,

Ces fleurs qui les parent toujours,
Ce font de Belles transformées,
Ces papillons font des amours.

Aegle, schönſte der Najaden, komm noch
einmal aus der dämmernden Ferne ſchönerer
Vergangenheit zurük, dich zu Virgils Ga-
tirknaben zu geſellen, und in einer grünbe-
ſchatteten Grotte den alten Eilen zum Ge-
ſang zu weken! Deinem Dichter wird ge-
währt, was einſt Properz für ſich bat:

Accipiat manus parvula teſta meos
Et ſit in exiguo *laurus* superaddita buſto,
Quae tegat extincti funeris umbra locum.

Pius

Pius VI.

Rom 1790.

Wie der römische Hof die Verfügungen zu Wien und Paris aufnehme, wollten Sie wissen? A merveille, sage ich Ihnen. Der Pabst ist ein guter Mann; er hat eine exzellente Gesundheit, einen treflichen Magen und eine Laune, die ihn gegen allen Verdruß festmacht. Mit diesen Mitteln weis er sich Alles in ein lachendes Licht zu sezen.

Pius VI ist den Jesuiten gut; doch wird er nie Das für ihre Wiederherstellung aufs Spiel sezen, was sein Vorgänger für ihre Aufhebung aufs Spiel sezte. Was die Bettelmönche anbetrift, von denen mag er gar Nichts hören.

Er liebt den Aufwand; daher sein kleiner Zorn, wenn die Gelder nicht rasch genug eingehen. Er denkt auf Handlung —
ohne

ohne sie zu kennen; daher der leichte Zu=
tritt für Projektenmacher.

In der Politik ist sein Grundsaz — Frie=
de.   Nur auf der Erhaltung des Friedens
in Europa, glaubt er, beruhe die Sicher=
heit des römischen Stuhls.

Au reste gilt hier, wie Sie wissen, mehr
als irgend anderswo, vornehme Geburt für
Verdienst, Armut aber für Laster, Ränke=
kunst für Talent; Wissenschaft ist lächerlich,
Wohlstand ein Vorurtheil, Kunstfleis ein
Luftwunder.

In der öfentlichen Verwaltung kein Sy=
stem; bei Hofe keine Oekonomie; für Gau=
diebe kein Zaum; für Steifbettler kein Zucht=
haus.

Die Tugend besteht hier in Worten,
Ehre und Redlichkeit aufm Papier, große
Seelen aufm Theater, die Sitten überläßt
man den Romanen.

Der

Der Pabst hat immer einen leeren Plaz im Vorrath für den Schöngeist, der am Brett sizt. Er beschäftigt sich mit seinen Neffen — jedoch nicht als Pabst, sondern als Hausvater. So wie alle römischen Kardinäle hängt er an schlechten Leuten, an Kalfaktern, Blaustrümpfen, Fraubaasen; weis Alles, bekrittelt Alles, und ahndet Nichts.

Seine Sitten — sind rein; seine Höflichkeit ist ungezwungen, sein Umgang gnädig, seine Miene edel, seine Stimme einnehmend, sein Geist richtig; — sein Anzug stuzerisch, seine Sprache affektirt, seine Seele kalt.

Beim Antritt seiner Regirung glaubte er, ein Pabst hätte Nichts nötig, als zu befehlen, und bedient zu werden. Er irrte sich. Er dachte, die Bettler, dieses in Wälschland, leider, nur allzufürchterliche Heer, welches die Landstraßen mit Räubern, die Schaubühnen mit Dieben, die Häuser mit Spionen versieht, durch einen Federzug aufzuhe-

ben; er beschloß, die Schulen und Natio-
nalerziehung zu verbessern. Hui!

Indessen ist's gerade ein solcher Pabst,
der uns taugt. Ein Mann von seinem Karakter ist's, den Rom bedarf, um vor den
Folgen sicher zu seyn, worein es der Eigen-
sinn eines Clemens XIII, oder die Philosophie eines Clemens XIV zu stürzen drohte.

Noch Mehr: Er ist's, der seinem Jahrhundert taugt, welches einen klugen und
stillen Schleyr über das Staats- und Sit-
tenrecht des heutigen Roms verlangt. Er
taugt für die ganze Christenheit, deren Motto: Friede und Duldung! ist.

Ohne gelehrt zu seyn, sogar ohne die
Wissenschaften zu treiben, weis er wahre
Gelehrte zu ehren. Er schikt Künstler nach
Frankreich, um die elegantere Baukunst nach
Rom zu holen; Gärtner nach England, um
den Geschmak von der Natur zu lernen;
Werkleute nach Teutschland, um das Fabrik-
wesen auszukundschaften.

He-

Helas! Sein Meisterstük, deucht mich,
wäre, nach Genf zu senden, um einen Me=
cker zu entführen.

Kan=

Kantism.

Zeit, Raum, Dauer, Leben! Ihr seid doch weder Mehr noch Weniger als platte Einbildungswesen. Und du, Urquell der Dinge, dir beliebte es ohne Zweifel mit Uns zu scherzen, indem du uns jene glänzende und eitle Täuschung, die wir Leben nennen, für etwas Wirkliches gabst.

In der That: Leben! Was ist Dies? Empfindung, Gedanke! Was will man damit sagen? Existenz überhaupt! Von welcher Natur bist du? Begrife! Wo seid ihr?

Ach! Nirgends als in unserm schwachen Hirn, und in unserm thörichten Hang, über Alles zu kanngleßern, von Allem Räson geben zu wollen. Licht, Finsterniß; Verstand, Dummheit; Leben, Tod — ihr seid, ihr waret nie etwas Anderes als bloße — Beraubung.

Lasset

Laſſet uns die Augen zudrüken; laßt uns
von den Vorurtheilen, die unſere unglükli=
che Vernunft bisher umnebelten, uns los=
reißen; laßt uns, wenn es möglich iſt, die
barbariſchen Begriffe, welche uns die Tirannen
unſerer Jugend einprägten, verbannen, und da=
für jenes Naturlicht ergreifen, ſo mitten unter
dem Schulwuſt in unſerer Seele glimmet:
was finden wir an uns? Einen Mittelpunkt
der verſchiedenen Eindrüke, Wirkungen, Be=
wegung unbekannter, uns umringender Din=
ge, wovon uns unſere Sinnen zwar eine
Empfindung zu geben ſcheinen, unſer Ver=
ſtand aber lediglich Nichts aufzuſchllleßen
weis. Blos aus der ewigen Wirkung und
Gegenwirkung zwiſchen dieſen Dingen und
uns ſchließen wir auf unſer Daſeyn.

Ich ſehe; ich höre; ich fühle. Mir
ſcheint, es umringe mich eine unendliche
Menge Punkte, Körper, Weſen verſchiede=
ner Gattung. Dies nun nennt ſich leben.
Allein es iſt blos Täuſchung, Schauſpiel;
denn bevor ich mich auf dem Punkt befand,
wo ich izt ſtehe, ſo exiſtirte Nichts für mich;

D 3   und

und sobald ich wieder verschwinden werde —
es sei in Staub, in eine Pflanze, in Dunst
ꝛc. ꝛc. — so höret die Natur auf, für mich
dazusehn.

Nicht ganz! Denn bin ich einmal aus
dem Nichts hervorgerufen, so können mich
selbst die Götter nimmer dahin zurüksenden.
Die Welt, wollt' ich sagen, hört also nur
auf, auf die gegenwärtige Art in mich zu
wirken. Eine neue Reihe von Dingen nimmt
mich auf — wenn mich meine Ahndung nicht
täuscht. Vielleicht verdient mein alsdenni-
ger Zustand den Nahmen Leben.

Bis dahin verhalte ich mich, in das Am-
phitheater dieser Welt gestellt, bald als Zuschauer, bald als Spieler. Meiner Rolle
mir eigentlich unbewußt folge ich dem Stoß
der Wesen, die mich umringen. Ich sehe
Geschöpfe Meinesgleichen in dem Element,
das man Erde nennt, herumschwimmen, eine
gewiße Anzal Augenblike obenschweben und
dann untertauchen. Ich sehe, wie sie in dieses Spiel, welches sie Leben nennen, sterblich
ver-

verliebt ſind, wie ſie es anbethen, und es nur gezwungen aufgeben.

Aber von andern Betrachtungen geleitet, als ſie, ahme ich ihre Thorheit nicht nach. Ich ſuche den kleinen Zwiſchenraum, den ich auf einen Augenblik einnehme, zu benuzen; indem ich meinen Geiſt von jener Täuſchung zu einer höhern erhebe, zur Betrachtung der Natur. Da liegt ſie vor mir, wie der Vorhang zur Scene, auf welchem ich einen Mahler — freilich mit Meiſterhänden — ar‐ beiten ſehe.

Von ſo viel tauſend Weſen, die ich in meinem Standkraiſe ſah, iſt Nichts mehr übrig. Sie verſchwanden. Andere kamen dafür — und verſchwanden auch. Nennt ſich Dies etwan — Tod?

Nicht doch. Auch der Tod iſt bloße Täuſchung. Ich habe kein Weſen, ſelbſt das ſiedende Waſſer nicht, ganz verſchwin‐ den ſehen: es verwandelte ſich in Dünſte.

Es

Es giebt also weder Leben noch Tod.
— Frappante Wahrheit! Aber es giebt eine ewige Exiſtenz. Alles Uebrige iſt blos
Uebergang, Illuſion. Die immerwährende
Reproduktion der Dinge, die wir vor un-
ſern Augen ſehen, bewegt mich, auch an jene zu glauben, die wir nicht ſehen.

Bekennt-

Bekenntniße eines Freimäurers.

Alles hier Gesagte ist, dem Ansehen nach, weder neu noch unbekannt; noch nirgends aber vielleicht in diesen Zusammenhang und Verbindung gebracht; noch nirgends mit den nähmlichen Umständen und Thatsachen vorgetragen.

Man täuscht sich gewis sehr, wenn man glaubt, daß große und außerordentliche Geheimnisse im Schooße unsers Ordens verborgen lägen. Die Geheimnisse, so wir haben, sind nur Nebendinge, die nicht zum wesentlichen Zwek des Ordens gehören, welcher, mit Einem Wort, Wohlthätigkeit ist.

Zum Exempel das Ritual (oder die Gebräuche bei Aufnahmen und Beförderungen, die Etikette der Loge) ist ein Stük der Freimäurergeheimniße, welches sich jedem Kompe

D 5

petenten von selbst entdekt, und an sich
äußerst gleichgültig ist. Ein anderes Stük
sind die Hieroglyphen. Sie werden dem
freyen Wize jeden Mitglieds preisgegeben.
Siehe da eine Schlange, die sich in Schwanz
beißt: der Eine nimmt sie für ein Symbol
der Ewigkeit; der Andere für das der List,
oder der Bosheit; der Dritte für Jenes
der Demut 2c. Alles Das, und was auch
immer sonst gefällt, kan sie sagen, ohne daß
sich der Orden darum bekümmert. Kurz,
Jeder erklärt sich die Hieroglyphen nach seinem Geschmak, seiner Einbildungskraft, seinem Erkenntnißkreis. Zu einem Ausspruche
aber, Welcher den eigentlichen Sinn des
Erfinders getroffen habe, fehlt der Richter.
Von keiner einzigen alten Hieroglyphe ist jener wohl mit völliger Gewisheit herauszu-
bringen.

Die Bildersprache ist, in diesem Verstand, reicher nicht allein als die Tonsprache,
sondern auch als die Buchstabensprache, weil
sie durch ein einziges Bild mehrere ganz verschiedene Begrife ausdrüken kan. Sie kan
nicht

nicht eher entstanden seyn, als da die Ton=
sprache schon nicht mehr gleichförmig war,
das menschliche Geschlecht nicht mehr in ei=
nerley Tönen redete. Wo Zween zusamm=
kamen, von denen der Eine die Töne des
Andern nicht verstand, so suchten sie sich
einander dadurch verständlich zu machen, daß
sie die Figuren der Dinge, welche ihre Un=
terhaltung zum Gegenstand hatten, wahr=
scheinlich einander vorzeichneten. Denn auch
die Gebährdensprache ist weit ärmer als die
Bildersprache, und reichte oft gar nicht zu,
die, insonderheit abstrakten, Begrife auszu=
drüken. Von dieser im Knabenalter der
Welt vermuthlich entstandenen Sprache nun
rühren die Hieroglyphen des Freimäureror=
dens, ohne Gefährde, her. Sie sind mehr
Reliquie als Sakrament.

Indessen glaubten mehrere nachdenkende
Männer im Orden unter gewissen Hierogly=
phen mit viel Wahrscheinlichkeit entdekt zu
haben, daß die Freimäurerei eine geheime
Fortsezung des insignen Tempelordens wäre.
Vielleicht kam auch die Tradition dieser Aus=
legung

legung zu Hilfe. Wenigstens kan man nicht
läugnen, daß diese Erklärung wirklich einen
sehr hohen Grad der Wahrscheinlichkeit vor
sich haben muste, weil ihr die Menge sehr
bald beifiel, und die Meinung, daß der Orden der fortgesezte Tempelherren-Orden sei,
plözzlich anfieng allgemein zu werden.

Kein Vernünftiger verknüpfte aber wohl
den ernsthaften Gedanken damit, den Tempelherrenorden in der Urgestalt, worinn er
vor vierhundert Jahren blühte, wiederzuer-
wecken, noch weniger auf seine ehemaligen
Güter Anspruch zu machen.

Der Beruf der Tempelritter war, soviel
uns die Geschichte von ihren Stiftungsge-
sezzen aufbewahrt hat, der, die Menschliebe
zu verbreiten, und edle, gute Handlungen
auszuüben. Die Aehnlichkeit dieses Grund-
sazes mit jenem der Mäurer muste viele
Mitglieder dieses leztern Ordens in der ge-
glaubten Enträthslung ihrer Hieroglyphen
befestigen.

Mit

Mit dieser Ueberzeugung und mit einigen
unbedeutenden Kleinigkeiten, z. B. dem Kreuze der alten Tempelherren auf dem Rofe
oder auf den Rockknöpfen, und der Nahmens-
nachahmung begnügte man sich. Jeder Mäurer gab sich das Prädikat eines Ritters vom
alten Tempelorden. Der Eine war der Ritter vom schwarzen Adler, der Andere Ritter
vom aufsteigenden Löwen, der Dritte Ritter
vom blauen Stern ꝛc. ꝛc. Dieses Prädikat
erhielt er in der Loge.

Hieraus entstand nun das berufene Tempelherrensystem. Nicht alle Mäurer nehmlich waren überzeugt, daß ihr Orden eine
Fortsezung des Tempelherrenordens wäre;
oder, wenn sie es glaubten, so hielten sie
es doch für unnüzes Spielwerk, die Nahmen der Tempelritter nachzuahmen, sich mit
dem Kreuze zu zeichnen, oder die Zeremonien
dieser ausgestorbenen Ritterschaft in ihr Ritual und in ihre Logen einzuführen.

Nicht alle Mäurerlogen, sage ich, nahmen also die Lehre an, daß man die Form
und

und das System der Mäurerei mit jenem
der Tempelherren zu identifiziren suchen müße.
Daher trennte sich die Mäurerei in zwo
Sekten, in die strikte, und in die late Observanz. Die erstere Sekte war jene, welche das Tempelherrensystem so viel möglich
zum Gesezz nahm; die andere verwarf es
nicht gerade zu, führte es aber auch nicht
in ihre Logen ein, sondern blieb bei den alten Mäurergesezzen und Gebräuchen. Diese Katastrophe fällt in die Jahre 1766-1772.

Ich erinnere mich aus dieser Zeit einer
Erscheinung, welche gewisses Aufsehen machte. Zu W. trat eine Gesellschaft, unter dem
Nahmen Ritterschaft (Chevalerie) zusamm.
Ich weis wohl, daß nicht alle Individuen
dieser Gesellschaft Freimäurer waren; aber
wenigstens waren's die Meisten gewiß. Diese Gesellschaft, an deren Spize der Braun-
schweigische Gesandschaftssekretär bei der da-
maligen Kammergerichts-Visitation, Sieg-
fried von Gone, stand; Derselbe, welcher
sich nachher durch das famose: Notuma:
nicht Exjesuit: in der freimäurerischen Lit-
teratur

teratur auszeichnete; diese Gesellschaft, sage ich, hatte den Kopf von der Tempelrit-
terschaft voll.

In ihrem Enthusiasmus errichtete sie —
in welche auch Nichtfreimäurer aufgenommen wurden, — einen neuen Templerorden.
Jedes Mitglied erhielt seinen Ritternahmen,
wobei er bei den häufigen Banketen und Ge-
lagen, welche der Ordenstyp zu seyn schien,
genannt werden muste. In einem gewissen
Gasthof zu W. wo diese selzsame Gesellschaft,
Loge hielt, konnte man noch vor wenigen
Jahren die Chiffern der Ritter in die Fen-
sterscheiben eingeäzt sehen.

Gerade in diesen Zeitraum, nehmlich in
das Ende des Siebenziger Jahrzehends,
fällt auch die Aufhebung des Jesuiter-Or-
dens unter dem unvergeßlichen Ganganelli.

Diese schlaue Väter, die verschmiztesten
aller Menschen, die der Zernichtung ihres
Ordens entgegensahen, so wie sie alles nur
einigermaßen Merkwürdige, das auf dem
gan-

ganzen von der Chriſtenheit bewohnten Erd=
kreiſe vorgieng, immer zuerſt erfuhren, hat=
ten alle dieſe Revolutionen in der Freimäu=
rerey wahrgenommen.

Man weis, daß beide Orden, die Je=
ſuiten und die Tempelherren, ſehr ähnliche
Schikſale hatten. Beide waren ausgebrei=
tet, angeſehen, reich, bald geliebt, bald ge=
fürchtet; beide wurden feyrlich aufgehoben.
Wahrſcheinlicherweis brachte Dies die Je=
ſuiten auf die Gedanken, ob ſich ihr Orden
nicht durch die Freimäurerey fortſezen, und
auf eine oder die andere Art unter dieſer
Geſtalt erhalten ließe. Schwerlich aber ha=
ben ſie ſich anfänglich von dem Erfolg ſo
viel verſprochen, als ſich nachher wirklich
ergab.

Inzwiſchen waren die Mitglieder des
Tempelherrenordens Ritter, ſie, die Jeſui=
ten, aber nur bloße Geiſtliche aus bürger=
lichem Stande, die mit der Ritterſchaft und
allen ihren Attributen nicht das Mindeſte
gemein hatten. Man hätte glauben ſollen,
daß

daß dieſer ſehr auffallende Unterſchied ſie von ihrem Entwurf abſchrecken ſollte. Nichts; weniger. Völlig ſchlau wuſten ſie einen un; gefähren Umſtand zu benuzen.

Im Tempelorden ſoll es nehmlich, außer den eigentlichen Rittern auch Kleriker, die den Regeln der Ritterſchaft nicht unterwor; fen waren, gegeben haben. Ob ſich Dies mit Zuverläßigkeit aus der ohnehin ſehr dunklen Geſchichte des Tempelherrenordens herleiten und klar darthun läßt, weiß ich nun nicht. Unterdeß war es der Schafspelz, worein ſie ſich hüllten, ihren Zwek zu erreichen.

Es iſt unzweifentlich gewiß, daß ſie ſchon lange vor ihrer wirklichen Aufhebung, nehm; lich ſechs bis mehrere Jahre, vorausſahen, daß der Pabſt zu dieſem Schritt endlich ge; nötigt werden würde. Wahrſcheinlich war ihre Parthie alſo genommen. Schon vor dem Jahre 1776, alſo noch vor dem großen Ereignis, bemerkte man in verſchiedenen teutſchen — und zwar proteſtantiſchen — Ländern Mäurer, welche eine ſehr wichtige

I.Bändchen.   E   Miene

Miene trugen, die gewöhnliche Logen anfänglich nicht besuchen wollten, sich stellten,
als besäßen sie erhabene Geheimniße, von
denen sie wenigstens einige, wenn sie wollten, dem Freimäurerorden mittheilen könnten. Allein sie thaten zugleich so superb und
fremd gegen ihre Mitbrüder die übrigen
Freimäurer, daß man es nicht wagte, sie
um diese Geheimniße zu fragen, zumal sie
behaubteten, daß sie eine höhere Stufe der
Mäurerei besäßen, die ihnen nicht erlaubte,
mit gewöhnlichen Mäurern zu fraternisiren.

Dies waren nun im Grunde Nichts als
Emissare eines unbekannten Systems. Sie
nannten sich Kleriker vom Tempelorden (Clerici Ordinis Templarior.) und gaben sich
für jenen Zweig der ehemaligen Tempelrit-
terschaft aus, der aus eigentlichen, den Or-
densregeln ununterworfenen, Geistlichen be-
standen haben soll. Die vorgeblichen Geheimniße aber waren der Köder Proselyten
zu angeln.

Ein zweiter Umstand den man fein genug zu benuzen wußte. Man hat nehmlich
sowol in den Mäurerlogen, als in der pro-
fanen Welt eine alte Sage, der ehemalige
Tempelherrenorden hätte gewiß sehr wichtige Arkane besessen, die mit seiner Aufhebung verloren gegangen zu seyn schienen.

Was den Freimäurerorden betrift, so
glaubte man lange Zeit in solchem, diese Arkane lägen wirklich in den beim Orden auf-
behaltenen Hieroglyphen verschlossen. Mancher tiefsinnige Mann hatte sich daher den
Kopf zerbrochen, diese Hieroglyphen zu ent-
ziffern. Daher der tolle Wahn, welcher nicht
allein dem Publikum, sondern selbst Frei-
mäurern, das Hirn verrükte, als ob man
in den Logen den Stein der Weisen, das
Lebenspulver und tausend andere Erzstükchen
besäße.

Was hingegen die sogenannten Herren
Kleriker betrift, diese gaben sich die Physionomie, als wären sie in der That im Besiz dergleichen Meisterstüke; insbesondere

E 2 ließen

ließen sie gerne merken, daß sie Geister ci-
tiren könnten. — Das Publikum liebt immer das Gröbste. — Unter ihnen distinguir-
te sich sichtbarlich ein gewisser vornehmer
Geistlicher der evangelisch-lutherischen Kirche.

Diese Männer traten zwar mit einigen
Logen der strikten Observanz in Unterhand-
lungen, um sich mit solchen zu vereinigen;
versprachen auch, wenn eine völlige Vereinigung unter ihnen zu Stande kommen würde, ihre Geheimniße mitzutheilen. Sogar
traten hier und dort Verschiedene von ihnen
wirklich unter den Schuz der strikten Observanz. Dabei sprachen sie aber immer von
einer andern und höhern Verbindung, in
welcher sie noch, und zwar außerhalb Teutschland, insonderheit in Auvergne, stünden. Ihrem Vorgeben nach befanden sich dort noch
Mitglieder des Ordens, auch Kleriker, die
aber in demselben noch viel höhere Stufen,
als sie selbst, erreicht haben sollen.

Ohne die Vorwissenschaft und Einwilligung
dieser vorgeblichen Ordens-Obern wollten
sie

sie den Schritt zur wirklichen Verschmelzung
ihres vorgegebenen Systems mit dem der
strikten Observanz nicht thun, sondern zuvor noch derselben Befehle nachholen.

Man erwähnte also immer gewißer Ordens-Obern — nannte sie aber nie. Nicht
unwahrscheinlich suchte man die Mäurerei
durch Geheimnißhunger so weit ins Garn
zu loken, daß sie, ohne Rußsicht, sich ergeben, die Autorität der unbekannten Obern,
und die Superiorität ihrer sichtbaren Emiß-
sare anerkennen, mit Einem Wort nach dem
Wurm schnappen sollte.

Auf Seiten der Mäurerschaft hingegen
fand sich mehr Bedenklichkeit, als man sich
versah. Man wünschte von den Verhältniß-
sen genauere Notiz zu nehmen. Dies war
nicht nach dem Geschmak der Herren; und
sie brachen ab.

Unterdeßen hatten sich gleichwol einzelne
Fische zwischen Nacht und Nebel in ihr Reiß
gefangen. Hiebei hatten sie sich genau nach

E 3   der

der Jesuitenregel gerichtet, nur scharfsinni-
ge und pfiffige Köpfe anzunehmen.

Man weis nunmehr, daß das Rituel bei
der Einweihung ihrer Mitglieder beinahe gerade dasselbe ist, wie bei der katolischen Prie-
sterweihe. Der Neophit mus Gelübde ablegen, erhält die Tonsur, wird mit Auflegung
der Hände eingesegnet und bekrysamt; er
sezt sich ein aus sechs Stüken zusammenge-
seztes Käppchen, wie es die Priester der römischen Kirche zu tragen pflegen, auf das
Occiput ꝛc. ꝛc. Von nun an ist er Cleri-
cus Ordin. Templarior. Geistlicher Tempel-
herr. In ihren Logen beten diese Kleriker
ihre lateinischen Horen, und singen Hymnen,
halten auch ihr Kapitel in lateinischer Sprache *). Ihre Obern kleiden sich zugleich wie
die

*) In gewißen protestantischen Ländern aber be-
steigen sie unter Mantel und Kragen die Kanzel, und predigen, bald berufen — bald un-
berufen, wie z. E. ein sehr bekannter und be-
liebter neuerer Schriftsteller ꝛc. ꝛc. — Dem
Wolf.
                              Anmerk. vom Einsender.

die römischen Bischöfe, der Poebel aber
trägt eine Art von langen weißen Mönchs-
kleidern mit einem rothen Kreuze auf der
linken Brust, und auf dem Kopfe einen rothen sechseckigten Kardinalshut.

Auch ist's ziemlich gewiß, daß sie sich in
ihren Logen wirklich mit Magie, und insbesondere mit Geisterbannen abgaben *).

E 4 Ver-

*) Dies war vermuthlich die Ursache, warum
Calliostro den D. St.* während seines Aufent-
halts zu Mietau für einen Anhänger des bösen Prinzipiums erklärte, welches Wesen bekanntlich der französische Philosoph Martin
aus den Lehrsäzen eines alten Indiers im Buche des Erreurs et de la verité aufgewärmt hat;
daß ferner Calliostro vor den Beschwörungen, wobei der Degen gebraucht würde, warnte; wohingegen D. St.* jenen für einen schwarzen Magiker erklärte, und seine Schüler vor
den Beschwörungen durch Räuchern warnte.
(S. die Nachrichten der Frau von der
Reck.) Hieraus scheint es, daß die Kleriker
des Tempelordens mit den Martinisten — die
aller Vermuthung nach sonst ein gemeinschaft-
liches

Vermuthlich und höchstwahrscheinlich war
der Plan der Jesuiten, sich, hinter der Maske
der unbekannten Obern dieser Kleriker, be-
reit zu halten, dem Freimäurerorden das
Garn überzuwerfen, und durch diesen von
Neuem über die Welt zu herrschen. Zu diesem Endzwek vermehrte man die Werber.
Unter solchen that sich mit Andern der berühmte Gugamos hervor. Dieser Korifee
sprach in den einzelnen Logen sowol beim famosen, und sehr famosen, Konvent zu Wiß-
baden nur von geheimen und unbekannten
Obern. Nach seinen Aeußerungen residirten
solche bald auf der Insel Cypern, bald in
Nord-Schottland, im Schottischen Hoch-
lande, (dem Vaterland der sogenannten Berg-
schotten,) das sich NB. noch größtentheils zur
katholischen Religion bekennt.

Endlich suchte man, ohne Zweifel in gleicher Absicht, noch ein drittes Gerücht unter
den

liches Corpus ausmachten — oft noch sehr
uneinig und misverstanden sind.

Vom Einsender.

den Mäurern auszubreiten, als wenn infon,
derheit der vor wenigen Jahren erst verstor,
bene alte englische Prätendent, der als ein
Nachkomme des Hauses Stuart bekanntlich
zur römischen Kirche gehörte, einer dieser
unbekannten Obern wäre. Durch die vom
Freimäurerorden ausdrüklich geschehene Ab,
sendung des Herrn von W. nach Italien, und
vorzüglich an den Hof des Prätendenten,
hat sich zwar die völlige Unwahrheit dieses
Gerüchts klar genug ergeben. Bei diesen
mannigfaltigen Versuchen blieb aber wahr,
scheinlich die Absicht, die Freimäurer irre
zu führen, sie glauben zu machen, daß die
vorgespiegelten unbekannten Obern sehr zer,
streut auf dem Erdboden und folglich mit
Recht unbekannt seyen. Auch waren in der
That die ausgesonnenen Residenzen, Au,
vergne, Rom, Hoch , Schottland, Cypern
2c. 2c. weit genug entlegen, um die Nachfor,
schung mühsam zu machen.

Die bekannten Obern der Kleriker hin,
gegen waren, meines Wissens, Herr von R.
zu R. im Meklenburgischen, der Baron von
E 5   Hund,

Hund, der verstorbene Ober-Appellations-
Rath von Uffel zu Celle, D. St.* ꝛc. ꝛc. ꝛc.

Schon oben haben wir bemerkt, daß die
sogenannten Clerici Ordinis Templarior. sich
gewißer im Tempelherrenorden verwahrt gewesen seyn sollender Geheimniße berühmten,
dabei aber zu verstehen gaben, daß ihre unbekannten Obern deren noch mehrere besäßen.
Auch Gugamos sprach von dergleichen Ge-
heimnissen, in deren Besitz seine unbekannten
Obern seyn sollten.

Damit es nun nicht auffallen sollte, daß
diese Dinge ganz Wind wären, so stellte man
in Sachsen NB. einem protestantischen Lande, den Gaukler Schröpfer auf. Diesen
aus der geringern Volksklasse genommenen
Menschen hatte man in allerlei optischen und
physischen Kunststüken unterrichtet, welche
hinlänglich schienen, die Augen des großen
Haufens und des oberflächlichen Untersuchers
zu blenden.

Aehnliche Gauklerscenen, magischen und
nekromantischen Inhalts spielte zu gleicher Zeit
auch

auch der berüchtigte Calſioſtro bei ſeinem Auf-
enthalte zu Warſchau und Mietau.

Bekannt iſts, daß man bei den Jeſuiten
Phyſik und Mathematik, deren Zweige die
Optik und Chymie ſind, weit genug trieb.
Von einem Kircher an bis auf einen Need-
ham hatte dieſer Orden wirklich ſo große
Genies in den natürlichen Wiſſenſchaften,
daß es ein Wunder ſeyn müſte, wofern ſie
in dieſem und jenem Theil der Naturkunde
nicht eigene Entdekungen gemacht haben ſollten; beſonders wenn man die Hülfsquellen
dazu rechnet, welche dieſe Männer im Reich-
thum, in den Bibliotheken, Sammlungen,
Apparaten, Reiſen und dann im Briefwech-
ſel ihres Ordens fanden; Hülfsquellen, die
irgend kein anderes gelehrtes Corpus auf
der Erde, die Geſellſchaft zu London nicht
ausgenommen, in dem Maaße beſas *).

Unter-

*) Vielleicht war man im ehemaligen Jeſuiter-
orden ſo gut — und beſſer — als Meſmer
von den wunderbar-natürlichen Wirkungen
des

Unterdessen kennen wir sehr wenig von
ihren Arbeiten überhaupt, noch weniger aber
von ihren Entdekungen. Beides blieb höchstwahrscheinlich ein Sanktuar des Ordens. Er,
der Orden, der von jeher dem Lichte — und
aus zureichenden Gründen — feind war, der
die Aufklärung überall unterdrükte, mußte jede neue Entdekung über die selbstwirkende
Kraft der Natur zu verheimlichen suchen.

Wenn also Schröpfer — und vielleicht
auch Callioſtro — ihre Lehrmeister in dieser
Schule hatten: so darf man sich über die
Illuſionen, die sie herfürbrachten *), nicht
ſon-

des thierischen Magnetism, dieser noch dunklen aber höchstwichtigen Ader in den Gängen
der Natur, vertraut.
Der Einsender.

*) Bisweilen müssen aber doch diese, besonders
bei Schröpfern, plump genug ausgefallen seyn:
z. E. als einst ein ſ c h w a n g e r e r Geiſt erschien — und Dies damals als Madam
Schröpfer juſt ſchwänger war (!!)
Vom Einsender.

sonderlich wundern. Meines Theils glaube ich noch immer, daß ein Gaukler einer andern Art, nehmlich der berufene Pater Gasner, Ein Ex-Jesuit, aus eben dieser Quelle schöpfte, und eben denselben Beruf hatte. Man sah diesen Mann, welches nicht unmerkwürdig ist, um die nehmliche Zeit aber an einem andern Horizont, nähmlich auf einem Fleck erscheinen, über welchem noch ein Nebel dichter Finsterniß lag. Je weniger Zusammenhang zwischen diesen Menschen und ihren Operationen zu seyn scheint, desto mehr muß man bei Uhrwerkern, wie Jesuiten, vermuthen *).

Gewis ist's, daß es geradezu die Kunststükchen des Kaffeesieder Schröpfers, und nahmentlich das Geisterbannen, sind, worauf die Kleriker des neuen Tempelordens Anspruch

---

*) Ob Bruder Martin in dieser Schlinge gefangen war, ob er seine *Erreurs* vorsetzlich und aus Inspiration schrieb, oder aus persönlichem Unsinn: das ist mir noch problematisch.
                              Der Einsender.

spruch machten. Und merkwürdig ist's, daß
man geradezu um diese Zeit die Schriften
Swedenberg's in Umlauf brachte; daß sich
das ganze Firmament, um diese Zeit, mit
Geistern, mit Feen, mit Wundern und
Schwärmern überzog, und Teutschland in
eine Zauberlaterne verwandelt zu seyn schien.

Um das zweite der hochgepriesenen Geheimnisse, womit sich die Kleriker breitmach-
ten *), in Gang zu bringen, jene schöne Sei-
fenblase, jenes die thörichte Welt schon so
lang täuschende Hirngespenst — die Gold-
macherei — so erwekte man eine Menge alter, vermoderter Goldmacherbücher. Diesen
fügte man einige von neuer Sauce bei. So
wurde Teutschland unvermuthet mit einer
Sünd-

---

*) Cagliostro, der höchstwahrscheinlich auch zu
dieser Ligue gehörte, wollte die Welt durchaus überreden, daß er die Verwandlung der
Metalle verstünde. Dieser famose Schaman
unseres Zeitalters behauptete keck und kalt,
daß es eine Universalmedizin gebe.
Vom Einsender.

Sündfluth von alchymischen Skarteken über-
schwemmt.

Mit diesem leztern Opiat fand man auch
sogar in verschiedenen Mäurerlogen Eingang,
jemehr die alte Sage, daß der Stein der
Weisen das Erbtheil des Freimäurerordens,
und die wahre Quelle seiner Reichthümmer
sei, für ihn stritt, und die Enträthslung der
Hieroglyphen oder, welches eben so Viel
ist, kabalistischer und alchymischer Bücher,
längst zum Studium mehrerer Mäurer worden war. Wie denn insonderheit eine ganze
Sekte mäurerischer Schwärmer, die sogenannten Rosenkreuzer, ihre Einbildungskraft
damit beschäftigte.

Das dritte, und wütendste, Meisterstük,
worauf die neuen Templer Anspruch machten, war die Wiederbringung des goldenen
Alters (das tausendjährige Reich genannt).
Doch Dies war zu kühl und zu grob, um
das Publikum im Ernst zu täuschen. Man
gab es sehr bald auf, und fand eine andere Springfeder.

Für

Für Bayern war der siebenziger Jahr-
zehend ein Zeitpunkt, wo mehrere hellsehen-
de Männer erwachten, und die Köpfe ihrer
Landsleute aufzuheitern suchten. Man rang
nach Licht und Aufklärung. Man suchte die
Dachläden zu öfnen, die den Durchbruch
desselben hinderten. Der Patriotism vereinigte sich mit der Philosophie, dem Men-
schenverstand in Bayern eine andere Rich-
tung zu geben.

Bei dieser Gelegenheit wurde man mit
dem erhabenen Zwek des Freimäurerordens
bekannt. Man wünschte die Einsichten und
die Früchte dieses Instituts zu genießen.
Man ahmte dasselbe nach, oder man suchte
es vielmehr zu übertreffen. — So entstand
der Illuminatism.

Die Grundsäze dieses Instituts müssen
sehr edel und sehr rein gewesen seyn, weil
es der Kabale ein Dorn im Auge war.
Kaum fieng der Illuminatism an zu wirken,
seine weisen und wohlthätigen Folgen zu zeigen:

gen: so zischte die Schlange; sie vergiftete den Baum, und tödete ihn in der Blüthe.

Man kennt die Geschichte dieses unglük, lichen Instituts; sie ist ganz neu; die Sen, sationen so sie machte, regen sich noch.

Irre ich mich nicht, so suchte sich die be, rufene Parthei anfänglich in den Illumina, tenorden einzuschleichen, oder aufzudrängen. Vielleicht sah sie dieses neue Institut für ei, ne Brüke an, sich im Freimäurerorden selbst festzusezen. Einen Haubtversuch dazu scheint sie wenigstens beim Wilhelmsbader, Konvent angelegt zu haben.

Auch war es ihr wirklich um so leichter, unter den Illuminaten fortzukommen, weil sie es mit neuen, mindergeübten Leuten zu thun hatte, oder thun zu haben glaubte, als hier; und weil sie unter denselben so viele Männer antraf, die in den ehemaligen Schu, len der Jesuiten erzogen, und in deren Köpfen die Begrife noch nicht ganz ausgelöscht wa, ren, die man ihnen in ihrer zarten Jugend eingeimpft hatte.

I. Bändchen.　　　　F　　　　Das

Das Gerücht, daß die Illuminaten den
Erbprinzen von Zweibrüken durch simpathe-
tische Mittel aus dem Wege geräumt haben
sollen, dieses elende und verächtliche Mähr-
chen, macht wenigstens wahrscheinlich, daß
man die Köpfe der armen Bayerschen Illuminaten durch allerlei verborgene und über-
natürliche Geheimniße eben so sehr zu ver-
wirren und schwindlicht zu machen suchte,
wie jene des Mäurerordens dnrch die Lokungen der Alchymie und Nekromantie.

Es ist daher nicht unwahrscheinlich, daß
man in den Illuminaten-Logen Männer auf-
tretten ließ, die sich nicht entblödeten, dergleichen abscheuliche Grundsäze vorzutragen,
wie Gugamos beim Wisbader Konvent zum
Skandal der Welt vortrug.

„Gegen Angeber gebrauche den Dolch.„

„Tithymalium, Ankore und Aqua To-
fana wiße zu schäzen. Es stillt den
Durst der Verfolger der Wahrheit.„

„Auf

„Auf dem Kirchhof stimme Traurlieder
  an für den Bruder, den du selbst er=
  mordet haft.

  2c.   2c.   2c.

Daher kam denn vermuthlich hernach das
seltsame Gerücht von der Gottlosigkeit und
den verruchten Grundsäzen der Illuminaten.

Inzwischen gab es auch im Illuminatism
feine und klarsehende Köpfe, ein Weishaubt,
ein Massenhausen, ein Zwak, Bassus 2c. 2c.
Diese mochten die Lockspeise wittern, und in
die Absichten der Jesuiten eindringen. Da
sie solche nicht nach ihrem Geschmak fanden
— das heist, da sie sich nicht zum Steken=
pferde der Intrike, der Kabale, des Fana=
ticism, der Verfinsterung, und was noch
Mehr: im System des Jesuitism liegt, brau=
chen lassen wollten: so veränderten sie die
Batterie.

Hinc irae!

F 2   Hier=

Hierdurch entstand nun wahrscheinlich jene Spaltung im Illuminatenorden, die Verführung und Verrätherei eines Cosandey ꝛc. die Uneinigkeit unter den Obern, und die darauf gefolgte merkwürdige Verfolgung.

„Was noch weiter zu sagen wäre, das findet sich im Buche der „Pharisäer.

Wel-

Welches Unglück!

Wäre der Krieg in Teuschland ausgebro-
chen: so war ich mit einer Prophezeyung be-
reit. Hier ist sie.

* * *

Imperium, fasces, C. Fastus, Sceptra, Tri-
umphus,
   Quae fuerant penitus, C. veniente ca-
dent.

Postea

Übersezung der Urschrift.

* * *

Das Reich, die Crone, des C. Hochmuth,
   Zepter, Triumfe
Die vor Dem gewesen waren, werden bei
   C. Ankunft gänzlich verfallen.

F 3   Nach-

Poſtea Germanis duriſſima bella movebit
   Captivum pacis ducet et ipſe patrem.
Qui fuerat ſacrae confeſſor religionis
   Liber erit. N. praemia digna feret.
C. tandem imperium dura cum morte relinquet
   Nemo ſciet, cuius religionis erat.
Succedet tunc N. tranquilla pace gubernans
   Imperium, caute finiet ille diem.

                                        Et

Nachdem wird er den Deutſchen ſchwehre
         Kriege verurſachen,
   Und ſelbſt den Friedensvater gefangen
         führen.
Der ein Bekenner der heiligen Religion war
   Wird frei ſeyn. N. wird würdigen Lohn
         empfangen.
C. wird endlich das Reich durch einen ſchweh-
         ren Tod verlaſſen;
   Niemand wird wiſſen, wes Glaubens er
         geweſen.
Dann wird N. ſuccediren, welcher in Ruhe
         und Frieden
   Das Reich beherrſchen, und ſein Leben
         fürſichtig ſchließen wird.

                                        Und

Et mare per totum confurgent hor-
rida bella

Qualia Carthago, nec Roma ipfa dedit.

Multaque victores victorum praeda fequetur.

Non erit a captis turba peremta minor.

Enfiferi inter fe multa vi brachia tollent

Amplius officium G. facit ipfa fuum.

Ifta tamen longo non ftabunt tempore: namque

P. fanctum veniens tempora fancta dabit.

P. fuperat

Und auf der See werden ſchrökliche Kriege entſtehn,

Dergleichen weder Karthago noch Rom
geführt.

Die Ueberwinder werden von den Ueberwun-
denen große Beute ziehen,

Und der Gefangenen wird nicht weniger
als der Erſchlagenen ſeyn.

Die Schwerdträger werden unter ſich gewal-
tig zuſchlagen.

G. verrichtet fernerhin ſeine Pflicht.

Doch Alles Dies wird nicht lange dauern: denn

Das ankommende heilige P. wird heilige
Zeiten bringen.

F 4

P. über-

P. *superat*, *tacet* (*vel iacet*). A. *moritur*,
    quoque callida N.
Penes Germanos imperiumque manet.
Sed prius hoc nostro tantus fundetur in orbe,
    Sanguis, diluvium, quod neque Troja dedit.
Inde revertentur, fuerant quae priftina fecla,
    Dicetur: Valeat, qui valet atque
     poteft!

       ❊   ❊

P. übertrift A. lauert (oder ſchläft). Auch
    ſtirbt die ſchlaue N.
Und die Herrſchaft bleibt bei den Deutſchen.
Vorher aber wird in dieſer Welt ein ſolches
    Blutvergleßen ſeyn,
Dergleichen bei Troja nicht geweſen.
Alsdenn werden die alten Zeiten wiederköm‐
    men,
  Da man ſagen wird: Es lebe wer da
    lebt und leben kan!

       ♣   ♣

                  Helas!

Helas! Man sieht, daß der Friede zu Reichenbach der Welt fatal ist: er bringt sie um eines ihrer schönsten Orakel. Rúnder, gefälliger, deutlicher konnte doch kein Prophetenstükchen seyn, wenn der Krieg in Europa allgemein geworden wäre. Die Auslegung sprang Einem ins Gesicht.

Der böse Herzberg! Dieses Stük müste mein Glük gemacht haben — Meines?

— Nicht doch: denn das Stük gehört' meinem Freund Hans Wolf, weiland berühmten Kronikschreiber. Er hinterlies es in seinen Denkschriften *).

Herr Hanns Wolf, oder Iohannes Wolfius, wie er sich gern nennen hörte, war von Religion ein Jurist. Nebenbei trieb er Geschichte und Alterthümer. Er war eine wahre Bücherraze; denn er fand obige Pro-

F 5   phe-

*) S. Lection. memorab. et reconditae. Lauingae 1600. fol. 2. Tom. Item Ebendaselbst in der Ausgabe von 1672. Tomo II. pag. 949. seqq.

phezeiung im Keller eines alten verfallenen Klosters.

Ich gebe ihm also seine Ehre, indem ich meine Quelle aufrichtig anzeige. Aber wäre mein Verdienst desto verächtlicher? Hui! Die Nonsens abgezogen, paßt das Stük so gut wie ein anderes.

Der Schlüssel zu jeder Prophezeiung ist das Ungefähr. Versteht man sich auf diesen, so ist ein Orakel nicht schwehrer, als ein Epigramm.

Neue

Neue Seelenlehre.

Laßt mich ihr Schwäzer! ich liege an The-
mir'ns Busen. Was ists, Das mich beseelt? Welcher Zustand! Wäre Dies existi-
ren? Ihr Götter, respektirt meine Empfindung; ich fühle, daß ich euch gleich bin.

Es giebt also noch Was außer den Sinnen! — denn die Regung, so mein Wesen
durchströmt, ist ganz überirdisch. Sagt
mir, Was ists. Was ists, Das mein Gefühl spiritualisirt, Das mich den Genuß der
Wollust überdenken läßt?

Sollte es eine Seele geben!! Ah, in
den Armen Themire'ns erkenne ich sie. Jenes göttliche Feuer, das in diesem Augenblik in mir gährt, überzeugt mich von meinem Daseyn. Jenes Nachgefühl, so ich haben werde — das Sublimste in der Wollust — sagt mir, daß ich unsterblich bin.

Wollt

Wollt ihr also von eurer Seele belehrt seyn, Sterbliche, so — liebet. Rufet den Gott der Liebe an Ihr, die ihr Wahrheit suchet; außer ihr ist alles Uebrige Traum.

Nur in jener Hingießung, wo ein Aether die Sinnen zu durchzüken scheint; in jener feinen Empfindung — wozu nur schöne Herzen fähig sind — die allein den Nahmen Wollust verdient, findet Ihr Seele. Nur in jenen Abndungen, die ihr vom Glük der Götter empfindet, wenn euch die Liebe umarmt, suchet die Unsterblichkeit.

Wie käm' es sonst, daß nur die Vernunft wahrhaft zu lieben weis, und daß schöne Empfindungen nur für schöne Geister sind. Sagt mir, ihr Schulfüchse, warum ist der Mensch desto mehr fürs Vergnügen und für die Zärtlichkeit gestimmt, je feiner er denkt; warum findet man so selten einen guten Kopf, der nicht der Liebe ergeben ist.

Ist's Organisation? Ist's Räsonement? Ist's Zufall?-

Nein:

Nein: Simpathie der Geister ist's. Die Seele wollte sich nur Klugen offenbaren: sie nahm ihren Siz daher im feinsten und sublimsten Sinn, in der Wolluft.

Deswegen nennt sich die Seele Venus — nicht die Venus der Wüstlinge, sondern die Venus der Philosophen.

Auch)

Auch eine Vergleichung.

Man frägt, wie sich Joseph II und Leopold II zusammt verhalten? Wie zween Aerzte. Der Eine heilt durch Brechmittel, Zugpflaster ꝛc. ꝛc. Dies grief die Patienten zu stark an; sie bekamen einen Abscheu davor. Der Andere offerirt Opiate, Tisannen, Fünftelsäfte und dergleichen. Die Patienten riechen daran, und verschlingen's.

Jener fand verhärtete Körper vor sich; Dieser vorbereitete. Hätte Joseph II sein eigener Nachfolger seyn können, so würde er ohne Zweifel Leopold's Theorie ergrifen haben.

An

An meinen Katharr.

Wirst nicht aufhören, Plagegeist? Warum zu mir! Giebts nicht Stubenhökker,
Menschfeinde und faule Bäuche genug, die
dir abwarten könnten. — Warum zu Mir,
der Arbeit und freie Luft liebt.

Oder bist etwan mit meinem Arzt ver-
standen? Der Barbar! Er verdammt mich
zum Thee — nicht zum Burgunder! So
sind sie, diese Henker: sie müssen ihre Grau-
samkeit zeigen selbst dann, wenn sie uns das
Leben lassen.

Noch mehr: ich soll Manchen meiden,
so lang er dich bei mir einlogirt hat. Seid
ihr klug, ihr Beide? Ich — Acht Tage
ohne Kus leben!

Ihr irrt euch. Allen Katharren und der
Hektik selbst zum Troz gehe ich aus, und
suche

suche mein Mädchen auf. Ich werde sie in
die Laube führen, die diesen Sommer für
uns grünt; dort werde ich mich über euch
lustig machen.

Wie: indem Andere küssen und trinken,
soll ich fasten! Indem der Mond glänzt,
soll ich die Nacht hindurch in meinem Bette
liegen, just so traurig wie ein Ehemann neben seinem Weib.

Nein, grausame Furie. Fleug hin und
besuche meinetwegen jenen Prälaten. Er hat
Nichts zu thun, als dir abzuwarten. Während er seine Schachparthie macht, kanst du
ihn ruhig quälen.

Sez' dich in die Schlafhaube seiner Nach-
barin, der Frau Pfarrerin, die kein Gefül
für Freude hat. Von dir ungehindert kan
sie ihre Hühner füttern, und ihre Mägde
auszanken.

Oder geh' zu Orbil'n, der nicht weis,
was er mit seiner Zeit thun müsse. Du
wirst ihm zur Unterhaltung dienen.

Aber

Aber Mich verschone — Mich, der ich
das Vergnügen liebe, — Mich, der trinken
und küssen kan.

Laßt mir diesen Becher, ihr Beide. Ich
verspreche, ihn auf das Leben der Medizin
zu leeren. Ja, an den rothen Lippen und
dem blühenden Busen Nanchens will ich der
Gesundheit eine Lobrede halten.

Soll mir aber weder vom Doktor noch
Katharr Gnade vergönnt seyn: Ach! so gewähret mir Grausame — gewähret mir die
Bitte, daß der Eine ohne dem andern zu
mir komme.

Nekromanie.

Noch nie hat es die Vergötterung soweit
getrieben, als bei Herrn Necker. Der falsche
Geschmak des Jahrhunderts hat sich selbst
erschöpft; er hat es so weit gebracht, daß
er keinen Nahmen mehr für seinen Gözzen
weis. Das Geringste ist, daß man ihn
Sully'n und Kolbert'n vergleicht, oder vielmehr Beide in ihm vereinigt. Inzwischen
ist Herr Necker weder der Eine noch der
Andere; er ist — Necker.

Sully war ein tugendhafter, Kolbert ein
fähiger Mann. Was Sully that, kam aus
dem Herzen; Kolbert war ganz Genie. Herrn
Necker fehlt es vielleicht an Beidem. Sein
eigentlicher Karakter ist Ordnung und Talent.

Er macht also vollkommen den Pendant
zu Jenen; aber er vereinigt sich nicht mit
ihnen.

Die

Die unerſchütterliche Feſtigkeit des Sully
ſezte der Verſchwendung eines allzugutmüti-
gen Königs Schranken; Kolberts Induſtrie
unterſtüzte einen prachtliebenden König; Ne-
ckers Talent eröfnete Hilfsquellen für einen
verarmten König. Jeder von ihnen ſtand
alſo an ſeinem Plaz; Jeder füllte denſelben
vortreflich aus. Aber gleich waren ſie Einander nicht.

Sully that Alles für den Staat; Kolbert Alles für ſeinen König; Necker Alles
— für ſich. Dies iſt ihre Verſchiedenheit.
Sully überlebte ſich ſelbſt; Kolbert ſtarb
mitten im Glanz ſeiner Arbeiten; Necker
wurde das Opfer ſeiner Selbſtliebe.

Wie weit ſtehen alle Drei von jenem erhabenen Mann ab, der Nichts für ſich,
Nichts für den König, ſondern Alles für
das Volk und die Menſchheit that; von dem
unvergeßlichen Turgot, deſſen Entwürfe Herr
Necker ſo ſchlau beſtahl, und ſo ſchief an-
wendete.

Allein

Allein es ist nicht genug, das Gute zu
wollen; man muß es auch auszuführen wiſſen. Und hierinn übertrift Necker ſeine Vorgänger. Bei ihm trift's ein, daß die Arbeit zuweilen das Genie erſezt.

Man kan alſo ſehr fähig, ſehr uneigen-
nüzig, ſehr arbeitſam ſeyn, ohne ein großer
Mann zu ſeyn. Aber man kan nicht Held
ſeyn, und zugleich der Sklave einer Frau,
deren Hochmut eben ſo kleinſtädtiſch als un-
begränzt iſt.

Wenn Madam Necker ſo ſcharfſinnig wäre, als ſie ſich von ihren Schranzen weiß-
machen läßt: ſo hätte ſie, für jene ſuperbe
Deviſe, auf den Wagen ihres Gemals ſezen
laſſen:

> Tel brille au ſecond rang,
>   qui s' eclipſe au prémier.

Fortsezung des Vorigen.

Wollte man das Bild eines Wechslers aus unserm Jahrhundert zeichnen: so würde es so ausfallen.

Der wahre Sohn des Gelds. Für ihn giebt's weder Vaterland, noch Rang, noch Verdienste: es giebt nur Gold. Sein Gott ist der Kredit; diesem bauet er einen Altar aus Bankzetteln und Wechselbriefen*).

Er hebt mit dem Geiz an, und endigt mit der Ehrsucht. Seine ersten Versuche gründet er auf Geschiklichkeit und Kühheit. Gelingen sie ihm, so ist der Kreis, in den er seinen Blik wagt, gränzlos. Er wirft sich zum Publizisten auf; und von izt an macht er sein eigenes Interesse zum Interesse des Staats.

G 3   Mit

*) Jacques Coeur. Nicola Flamel. 2c. 2c.

Mit ein wenig Scharlatanerie weis er
Andere davon zu überreden. Man staunt
seine kühne Unternehmungen, seine Bered-
samkeit, seine Reichthümmer an; und man
gewöhnt sich, ihn für Das zu halten, wofür er sich selbst hält, für ein seltnes, für
ein bewunderungswürdiges und vom Schiksal des Staats unzertrennliches Wesen*).

Nun ist ihm Alles erlaubt. Er erschöpft
sich in Illusionen, wordurch er das Publikum und sich selbst täuscht. Er erschaft Pa-
piere; er vermehrt den Kredit; er häuft
Fiktion auf Fiktion; er sezt Repräsentationen von Repräsentationen in Umlauf. Er
wird zum wahren Enthusiasten; und mit diesem Enthusiasm weis er Andere zu elektri-
siren**).

Der blinde Poebel, vor dem Koloß seines Glüks auf die Knie geworfen, hebt ihn
sich auf die Schultern. Die Fremden, die
bei seinen Operationen, oder vielmehr bei
seinen

*) Law. **) Necker.

feinen Sottifen, ihren Profit machen, ver-
göttern ihn.

Izt will er nicht mehr Er selbst seyn.
Er will Minister, er will Regente, — oder
wenigstens Vormünder des Regenten — er
will Gesezzgeber seyn.

Das Glük, das seiner Buhlereyen mit
ihm satt ist, spielt ihm eine seiner gewöhnlichen Touren. Es stürzt seinen Altar um.
Dann da er nur auf Kredit und Schimären
gebauet ist: so ist er nicht fest. Nun fällt
ihm plözzlich die Blende vom Aug; er sieht
ein, daß er die Welt, und sich selbst, ge-
täuscht hat.

Was wird er nun wählen, den Teich *)
oder die Karthause **)?

_____

G 4   Des

*) Fries.   **) Necker.

Des Grafen von Vergennes politisches Testament.

Sie nähern sich, Markis *), dem Posten, worauf Ihre Erziehung abzwekte. Vergessen Sie nicht, daß Sie kein Hofschranze mehr sind, sondern Staatsbeamter. Eine dreifache Rechenschaft erwartet Sie: gegen die Vorsicht — für das Talent, so sie Ihnen gab: gegen den König — für den Beruf, den er Ihnen anvertrauet: gegen den Staat — für die Hofnungen, so er sich von Ihnen macht. Das Vaterland hat sein Aug auf Sie geheftet, mein Sohn; hüten Sie sich, es zu täuschen.

Die Eigenschaften, welche in Frankreich von einem Minister gefordert werden, sind Beschzi

*) Markis von Vergennes, ehemaliger königlicher Ambassadeur an die Republik Venedig.

Beſcheidenheit, Einſicht und Talente; vornehmlich aber Feſtſinn und Klugheit.

Dieſe Eigenſchaften auferlegen ihm die
ſtrengſte Achtung für ſich ſelbſt. Sie fodern von ihm, daß er ſich in öffentlichen
Geſchäften mit Würde und Tugend betra-
gen, und alle ſeine Handlungen nach jenem
Grundſaze der Ehre richten ſolle, welcher
das unerbittliche Geſeż jedes wohlgebohrnen
Mannes, beſonders aber eines Franzoſen, iſt.

Wofern auch bei dem Mann, den die
Vorſicht an's politiſche Steuerruder ſtellt,
die Gewalt der Leidenſchaften groß genug
wäre, ihn in ſeinem Privatleben zu überra-
ſchen — Er iſt Menſch, und nicht Halbgott
— ſo muß er über ſich erhaben ſeyn, ſo oft
er als Miniſter handelt. Das Publikum
fodert ihm das gänzliche Opfer ſeiner Leidenſchaften ab. — Er iſt Untergott, nicht
Bürger.

Erinnern Sie ſich alſo, mein Sohn,
daß wenn die Nation zuweilen einem Miniſter

ster persönliche Mängel übersieht, so verlangt sie dagegen alle mögliche Größe der
Gesinnung und der Handlungen, die zu seinem Amt gehört; den erhabensten Patrio-
tißm, die strengste Gerechtigkeit des Geists,
eine völlig edle und uneigennüzige Seele.
Mit Einem Wort, Alles was zu Rom und
in Griechenland glänzte, das verlangt die
französische Nation an ihre Minister — weil
sie gewohnt ist, es zu finden; weil sie von
der Meinung eingenommen ist, ein Volk,
das so gut zu ehren und zu lieben weis,
wie sie, sey auch würdig, daß man sich um
seine Achtung bewerbe.

Das Mittel nun, so Sie zu dieser Achtung führt, Markis, ist einfach: respectiren
Sie die Volksstimme. Befassen Sie sich
niemals mit einem Anschlag, der das öfentliche Vorurtheil gegen sich hat; und lernen
Sie den Spruch Ihres Oheims, des Gra-
fen von Maurepas, auswendig: Nichts ge-
lingt ohne dem Beifall des Publikums.

Dies

Dies ist die große Springfeder eines gewandten Ministers. Alles was das öfentliche Vorurtheil vor sich hat, sezt sich in Frankreich durch; was gegen dasselbe anstößt, erreicht sich nur halb — das heist soviel als gar nicht. Ahmen Sie also, ich beschwöre Sie, in diesem Stük nicht den Duc de Choiseul nach, sondern vielmehr jenen Männern, die keinem Projekt beifielen, wovon sie sich nicht versprechen konnten, daß ihre Nachfolger sich zur Ehre machen würden, es zu vollenden.

Ein weltkluger Minister weis, daß das Rad des Schiksals, unter welchem sich die Angelegenheiten der Völker und der Staaten drehen, nicht vom matten Stoß seiner Faust abhängt, sondern von der des Gemeingeists. Dieser ists, der große Erfolge wirkt und bestimmt. Solche von unserer Einbildungskraft erwarten wollen wäre Eigenliebe, die eben so strafbar als lächerlich.

Jede Maasregel, merken Sie sich's, Marfis, die nicht mit der Stimmung des
Publi-

Publici, der Zeit und der Umstände harmo=
nirt, ist unpolitisch. Dies sind die Saiten,
die ein geschikter Staatsmann zuvor prüft.
Daher ist Das, was man Takt nennt, ei=
nes der vornehmsten unter den Minister=
talenten.

Auf der andern Seite hüten Sie sich
eben so sehr vor jedem Anschlag, der nicht
zum Voraus das Wohlgefallen des Monar=
chen hat. Dies ist die geheime Klippe, wor=
an so viele Projekte und so viele Minister
scheiterten. Die Person des Königs ist ein
Sandfelse, hinter welchem der Neid, die
Kabale, die Schikane und die widrigen Win=
de lauren, um den dreusten Segler zu er=
warten. Man kennt, leider, in der fran=
zösischen Geschichte einen Monarchen, der
sich's zum Spiel machte, die Plane seiner
Minister im Staatsrath gutzuheißen, und
sie hinterwärts zu necken.

Der König mus das Projekt, mit dem
sich ein schlauer Minister befassen soll, wol=
len; er mus es mit Ernst, mit Nachdruk
wollen;

wollen; es muß gleichsam sein eigenes Geschöpf seyn. Sonst ist's nicht würdig, daß
sich der Mann der Regirung seiner annimmt;
es wird sicher scheitern. Das Publikum,
das eben so viele, als feine, Augen hat,
entdekt die Abneigung des Monarchen. Es
nimmt seine Parthie hienach, und wirft dem
Minister Schwürigkeiten in Weg. Dies
sind die sogenannten zwoten Ursachen, welche die besten Anschläge — und mit ihnen
zuweilen ihre Urheber gesprengt haben.

Sie sind's, welche manchem Minister,
dessen Blik vielleicht vortreflich war — einem Turgot, einem Saint-Germain 2c. 2c. —
den Rahmen eines Strudelkopfs zuzogen. Er
versah's in diesem Punkt. Er rechnete auf
den Werth seines Projekts, auf die Tugend
seiner Absichten, auf den guten Willen des
Monarchen zu viel: er verachtete die Schikane zu tief: er vernachläßigte, sich weder der
ersten noch der zwoten Ursachen zu versichern.

Endlich, mein Sohn, hüten sie sich vor
der Geniesucht. Ein tüchtiger Minister spricht
wenig,

wenig, und schreibt gar Nichts: er handelt. (!) Er überläßt es dem Publikum,
der Aufklärung seiner Zeit, seine Maasre-
geln auszulegen, sie zu beschreiben. Alles
ermahnt ihn zu schweigen. Ist ihm Etwas
mislungen: so ist Schweigen das Klügste;
ist ihm Etwas gerathen, so würde Jedes
was er darüber sagen wollte, immer unter
Dem seyn, was er that. Er hat das öfentliche Beste, er hat den Beifall des Königs
und der Nation erreicht. Ehre genug!

Mit Einem Wort, Markis, der Staat
ist mit einem Minister nicht so sehr identifi-
zirt, daß dieser aus seinen Verdiensten ein
Personalrecht machen könnte. Wenn er daher in einem seiner Plane unterbrochen wird,
so erfodert die Bescheidenheit und Billigkeit
von ihm, sich nicht zu beklagen, sondern den
Ausschlag der Weisheit seiner Nachfolger
zu überlassen. Ja, wofern er gewiße Auf-
klärungen dazu für nötig hält; wofern er
der Nachwelt gewiße Ideen schuldig zu seyn
glaubt, so wird er solche in seiner Brieftasche
aufbewahren, bis sie der Tod öfnet. Sie
wer-

werden noch immer frühe genug zum Wohl
des Staats, und zur Rechtfertigung seiner
Asche eintreffen.

Nochmal, Markis: wenn es, wie ich
Ihnen izt gezeigt habe, die Bescheidenheit
ist, was das Loos der Regirnng eines französischen Ministers bei seinem Leben bestimmt, so ists eben diese Tugend, die noch
nach seinem Tod für ihn sprechen muß, daß
er seines Looses würdig war.

In der Art das Staatswesen zu betrachten giebt es zweerlei Ausschweifungen. Einige Minister hielten das Reich für unerschöpflich, für unvertilgbar; Andere sahen
es am Rande des Abgrunds schweben. Jene hielten sich berechtigt, Alles zu unter-
nehmen, Alles zu wagen, Alles aufs Spiel
zu sezen, weil der Staat ihrem Dünkel nach
Hilfsquellen genug besäße, jeden Dumm-
streich seiner Könige, seiner Minister und Ge-
nerale, jede Verschwendung der Hofschran-
zen und der Königsdirnen auszuhalten. Diese zitterten bei jedem Projekt, das ihnen
vor-

vorgelegt wurde. Eine verlohrne Schlacht,
eine mislungene Allianz sezte sie in Ver=
zweiflung.

Beide irrten sich. Frankreich ist weder
unerschöpflich, noch in den lezten Zügen. Es
hat eine angebohrne Kraft, welche, wenn sie
erweckt werden kan, Wunder zu thun fähig
ist. Man wird vielleicht Zeiten sehen, wo
der Staat nahe über seinem Abgrund zu
schweben scheint, und sich durch innerlichen
Trieb, durch bisher unbekannte Kräfte ret=
ten wird. Diese Kräfte, mein Sohn, lie=
gen weder, wie gewiße Minister fälschlich
annahmen, in der Konstitution des Reichs,
— diese leidet noch Verbesserung — noch im
Nationalreichthum — in diesem Punkt wett=
eifern unsere Nachbare mit uns — noch im
Genie irgend eines Staatskünstlers. Sie
liegen im Kopf und im Herzen der französi=
schen Nation, das heißt, in jener Aufklä=
rung, welche sich stillschleichend unter uns
verbreitet, und wenn sie einst sich der Gei=
ster bemeistert haben wird, Riesenthaten zei=
gen kan.

Einst=

Einstweilen ist das wahre System eines
wohlberichteten Ministers bei uns Festigkeit,
Thätigkeit und Arbeitsliebe. Im Glük Bescheidenheit, im Unglük Muth: Dies mus
seine Devise seyn. Einer der glänzendsten
Züge, welche die Geschichte der Politik an-
zuführen weis, ist der von jenem Römer,
welcher nicht am Heil des Staats ver-
zweifelte.

Um sich zu diesem Heroism zu erheben,
mus man seine Lage kennen. Unter den
Pflichten, die jedem ehrlichen Mann oblie-
gen, ist eine der wesentlichsten, daß er die
Regierung, unter welcher er lebt, zu beur-
theilen wisse. Diese Einsicht macht ihn mit
seinem Beruf so wie mit seinen Rechten bekannt, sie lehrt ihn, sein Vaterland schäzen,
und die Verhältnisse kennen, worinn er mit
seinen Mitbürgern, und mit der ganzen übrigen Erde, steht.

* * *

Soll ich diese Viſion erweitern; oder iſt's Genug, um meine Ideen von der Neꞏ kromanie zu ergänzen?

———

Das

Das Krankenbett des Schmetterlings.

Eine Fabel.

Gestern gieng ich über die Wiese, die mein Zeitvertreib ist. Ich beobachtete einen Schmetterling. In sanften Zukungen hieng er an einem Rosenlaub, und arbeitete dem Tod, oder, wie man richtiger sagt, seiner Verwandlung entgegen. Neben ihm saß ein schwarzer Käfer. Es schien mir, als wenn er sein Beichtvater wäre.

Ich war begierig, wie der Krankenpre‐ diger eines Schmetterlings sich ausdrüke, oder vielmehr die Philosophie eines Käfers zu kennen. Da mir meine Fee bei meiner Geburt die Gabe verlieh, die Sprache der Thiere zu verstehen: so näherte ich mich.

„Glänzender Liebling der Natur,, so sprach der Käfer „dein Tod hat eben so viel Reize

als

als dein Leben. Du erfülltest deinen Beruf, indem du dieses mit dem Genuß des Vergnügens, der Wollust, und der Güter, welche dir die Natur schenkte, hinbrachtest. Von Blume zu Blume flattern, ohne eine zu verderben; ihre Säfte kosten, ohne sich zu berauschen; jeden deiner Augenblike verschönern: Dies war dein Thun. Sei glüklich! Unbekümmert um die Zweifel, die andere Insekten quälen, wirfst du dich in die Arme der Natur; und dein Tod ist Nichts als das Ende eines angenehmen Irrthums.„

Hier starb der Schmetterling. Ich bewunderte die Redekunst des Käfers. — Fleug sanft dahin, schönes Seelchen! „so fuhr dieser fort, indem er seinem Freund die Augen zudrükte. Ich will deine Puppe hier unter diesen Rosenstok begraben. Vielleicht duften im künftigen Frühling einige Stäubchen von dir am Busen eines Mädchens. Dann wird sich deine Verklärung vollenden.

Frie=

Friede zu Reichenbach!

Ist der Krieg löblich? Ist er nicht löblich? Abgedroschene Frage. Das Gewimsel über den Krieg ist die Schelle der Zeitungsschreiber und ihrer Frau Baasen. Aber, giebt es nüzliche Kriege? So fragen sich Männer.

Die philosophischen Bürger des Ganges und des Hidaspes, sagt man, die Braminen, führten nie Kriege. — Vermuthlich, weil sie zu feig sind.

Die Lappen, die Samojeden, die Kamtschabalen wissen Nichts von der Kunst, sich mit seinen Nachbarn herumzubalgen. — Weil sie Nichts zu verlieren haben.

Unter den zween Schlußangeln der Erde herrscht also Ruhe? — So mus die Bewegung in der Mitte seyn; denn die morali-

H 3   sche

ſche Ebbe und Flut iſt in der Natur eben,
ſo gegründet und ſo nothwendig, als die
phyſiſche.

Oder iſt's nicht klar, daß Widerſpruch
und Veränderlichkeit die Deviſe der Welt
iſt. Ja, die Erſchütterungen, welche mit
den Staaten vorgehen, haben ihren Grund
in den unerbittlichen Geſezzen der Natur;
und die Leidenſchaften der Menſchen ſind
Nichts als Walzen, um die Dekorationen
auf dieſer großen Bühne herfürzubringen,
und das Spiel zu unterhalten.

Wie: es gäbe natürliche Kriege! —
Frägt man? So wie es natürliche Krank-
heiten giebt. Beide gehören zur beſten Welt.
Ohne Fieber giebt's keine Geſundheit: ohne
jenes Spiel, das wir Krieg nennen, würde
dieſer Planet immer der nähmliche bleiben;
es würde ſich keine Kriſe in ſeinem Körper
ereignen; die Schikſale der Nationen würden eine ewige Gleichheit haben; Einige
ſtets glüklich, Andere ſtets unglüklich ſeyn;
und die Erde würde an der Langweile ſterben.

Hört

Hört also auf, über den Krieg zu klagen.
Er gehört zur politischen Diätetik. Die Vorsicht macht es öfters wie die Aerzte: sie erregt Erbrechen, um den Magen zu reinigen,
und eine desto festere Gesundheit herzustellen.

Nicht genug. Der Krieg hat noch einige andere gute Seiten. Wären jene Braminen, jene Lappen, deren Friedfertigkeit
wir so sehr bewundern, nicht ämsiger, kunst-
fertiger, thätiger, ausgebildeter, folglich
glüklicher, wenn sie die Kunst zu kriegen besäßen. Der Krieg erwekt Anstrengung und
macht uns mit unsern Kräften und unsern
Fähigkeiten bekannt. Er ist den Vulkanen
ähnlich: erschütternd, aber befruchtend.

Dieses ist so wahr, daß Europa nicht
halb so polizirt wäre, wenn Alexander nicht
nach Persien gezogen, oder die Raserei der
Kreuzzügler nicht entstanden wäre. Rußland
wäre nie auf die Stufe der Macht und des
Wohlstands gestiegen, von welcher es gegen-
wärtig auf den Rest der Welt mit so viel
Verachtung herabschaut, wenn Peter I durch

die

die Kriege, die er unternahm, seine Nation nicht an Bedürfnisse gewöhnt und ihren Genie beseelt hätte.

Verschont uns also, ich beschwöre euch ihr Moralisten, mit euren Deklamationen über den Krieg. Die ihr die Welt durch das Loch eines Maulwurfhaufens betrachtet, ihr Zeitungsschreiber, laßt den Monarchen ihr Spiel, und Palläste auf Ruinen bauen. Dies ist die Absicht der Vorsicht — Sieg des Friedens und der Künste! Mars war der Günstling Minervens.

Traun! so wie er sich unter unsern Händen verfeinert hat, ist der Krieg nimmer das Spiel bewafneter Räuber. Wir haben den Kützel abgelegt, im Hembde zu tanzen, um unsern Nachbar nakend hüpfen zu sehen.

In der That, der Krieg hat das Eigene, daß er die Lust zu kriegen benimmt, und die Menschen zu ihrer wahren Bestimmung, dem Frieden, führt — wie ihr am Ausschlag zu Reichenbach sehet.

Selbst-

Selbstexekution des Autors.

An
den Verfasser
der hyperboreischen Briefe.

Sehr oft,

würdiger Mann,

weihten wir Ihnen im Stillen unsere ganze Hochachtung für all das unverkennbare Gute, was Sie seit zehn Jahren mit Ihren periodischen Schriften im teutschen Vaterlande gestiftet haben.

Frappante Beispiele könnten wir Ihnen anführen, wie manche heilsame Winke, manche gute Vorschläge zum Menschenwohl und zur Ausrottung schädlicher Vorurtheile in der Staatsverfassung, und im Reiche der Sitten und der Religion, die Sie in Ihren

H 5   Schrif-

Schriften gaben, von Obrigkeiten unserer
Gegend sowol, als von Privatpersonen in
dem Kreise, worinn wir leben, benuzt worden sind, wenn es uns izt nicht angelegener
wäre, Ihnen von ganzem Herzen für die
Revolution zu danken, die Sie in unsern
eigenen Kenntnissen und Ueberzeugungen ge-
wirket haben.

Seitdem Sie, so freimütig als edel, mit
der Fakel der Wahrheit so viele, der Menschheit wissenswürdige Gegenstände beleuchtet,
seitdem ist es auch bei uns innerer Tag geworden. Und wenn wir Ihnen gleich offen-
herzig gestehen müssen, daß in manchen, besonders metaphysischen, Dingen unsere Ideen
mit den Ihrigen kontrastiren: so erklären
wir uns doch auf der andern Seite sehr
gern für Ihren dankbaren Schüler in Allem,
was Sie über Philosophie des Lebens, über
die Staatskunde Europens, über unterdrükte Menschheit, und über mehr andere eben
so wichtige Gegenstände so schön als wahr
geschrieben haben.

Fahren

Fahren Sie fort, edler teutscher Mann,
so wie bisher Licht in die Finsternis zu tragen, Menschenwerth und Menschenwürde
den unzähligen großen und kleinen Tirannen
unseres gemeinschaftlichen Vaterlands an-
schaulich zu machen, Irrthümmer und Vorurtheile zu bekriegen, und die Nation auf
ihr wahres Interesse hinzuleiten. Und es
wird Ihnen, außer Ihrem eigenen Bewußtseyn, überschwenglich der Beifall so mancher
Menschenfreunde lohnen, die, zwar im Stillen, aber darum nicht minder theilnehmend,
Ihren Bemühungen für wahre Aufklärung
Heil und Segen wünschen. 2c. 2c.

Die Lesegesellschaft
zu N*.

Antwort.

Sie sehen,

meine Herren,

wie ich die Ehre, so Sie mir erweisen, zu
schäzen weis. Ich verleze die Achtung, die
ich

ich dem Publikum schuldig bin, indem ich
den Weihrauch, womit Sie mich beschenken,
vor demselben ausbreite, um mich erkenntlich
zu zeigen. Allein eine noch größere Belei-
digung des Wohlstands wäre es vielleicht,
bei dem Beifall, den Sie mir zu gönnen
belieben, gleichgültig zu seyn; und ich will
lieber gegen meinen Verstand fehlen, als gegen mein Herz.

Ich bezeuge Ihnen also, daß ich von der
Ehre Ihrer Gewogenheit durchdrungen bin.
Ob ich die Aufmunterung, welcher Sie mich
würdigen, verdiene? — Das wage ich nicht,
zu beantworten. Erlauben Sie, daß mir
solche schmeichelt.

Ja,

   meine Herren,

umsonst ist man stolz auf Ihren Beifall;
umsonst befeurt die Huld, womit Sie mich,
und meine Kollegen am Ministerium der
Publizität beehren, unsere Anstrengung: man
vermeidet sein Verhängnis nicht. Die all-
         gemeine

gemeine deutſche Bibliothek erſcheint, und
rechtfertigt das Orakel:

> Nor can vveak Truth his reputation ſave,
> The fools vvill all agree to call him Knave.

Böſe

Böse Exempel ziehen böse Schüler.

Oder:

die Kirchenreformation.

Ein gewißer deutscher Fürst sollte die Tafel der Geistlichkeit reformiren wollen? Man sagt, so Was wäre im Anschlag. Alle Pfarreyen würden auf einen gleichen Besoldungsfuß gestellt werden. Wie: er sollte es wagen, das Rauchfaß umzustürzen? Sehet da die verfluchten Folgen der Philosophie! Man sagt, der Referent hätte den Gedanken in der Encyclopädie gefunden.

Ihr Zeiten, ihr Sitten! Die Vernunft schleicht sich also sogar in die Kanzleyen: sie heitert Köpfe auf, die zum Blei verdammt schienen. Wie mag der Referent räsonirt haben. Nicht so:?

„Was

„Was ist die Arbeit eines Pfarrers?
Der Posttag des Kaufmanns. Am Sonn-
abend, wenn er seine Krebse abgespeist, und
seine Frau geküßt hat, so sezt er sich nieder und entwirft einen Canevas für Morgen. Mit drei Federzügen ist's geschehen;
denn Wer wollte sein Handwerk zum Studium machen. Der Rest der Woche ist sein,
um seine Tulpen zu begießen, seinen Schweiß-
fuchs auszureuten, und sein Piquet mit seinem Nachbar zu machen. Wahr ist's, man
hat zu taufen, Hochzeiten beizuwohnen, Kranke
zu besuchen. Sonst Nichts? Dergleichen
kleine Geschäfte unterhalten den Wechsel des
Lebens, und hindern einen Landgeistlichen an
der Langweile zu sterben. Aber die Chri-
stenlehre? Hui! Was wäre Dies gegen
Dem, der Stroh drischt. Und denn der
Schulbesuch? Beim Vorbeigehn."

„Das Amt der Landgeistlichen ist also —
wo nicht völlig leicht, wenigstens — sich
überall gleich: warum der Lohn nicht? Die
Eifersucht ist wohl nie häßlicher, als wenn
sie sich heiliger Gemüter bemeistert; und
Nichts

'Nichts verführt Mehr zur Simonie, als die Reize einer bessern Besoldung, eines angenehmern Lebens, einer reichern Heirath. Nun ist aber die Simonie das gröste Laster in der Kirche. Sie ist Sünde gegen den heiligen Geist — weil sie seiner Vokation vorgreift; sie beleidigt die christliche Moral — weil sie Andere zu Sünden verleitet, zum Geiz, Neid ꝛc. ꝛc. sie entheiligt den geistlichen Schafstall — indem sie Schleichwege bei demselben anlegt."

„Religion und Gerechtigkeit fodern demnach den Landsherrn auf, das Mißverhältnis auf der Klerisei-Liste abzuschaffen, und den Altar ins Gleichgewicht zu sezen. Das heist nun nicht, die Besoldungen zu kränken. — Fern sei ein so unpolitischer Gedanke! Es ist billig, daß der Priester vom Rauchfaß lebe. Und er mus gemächlich leben: Dies erfodert die Würde der Religion, und die Natur seines Berufs; er mus nach Verdienst leben; denn er ist so gut Staatsbeamter wie ein Anderer. — Vielmehr laßt uns die Pfarrbesoldungen verbessern.

fern. Die Vertheurung der Lebensmittel, dieses schreyende Zeichen der Zeit, welches uns Allen eiserne Gesezze giebt, erfordert diese Gerechtigkeit."

„Aber auf daß das Evangelium erfüllt werde: Gleiche Brüder gleiche Kappen!"

Das

Das Nebenstük.

Immittelst man an ienem Fürstenhofe die Tafel der Geistlichkeit zu arrondiren trachtet: so rangirt man in einer andern Ecke, zu Darmstatt, den Beamtentisch.

Sporteln sind eine Art von Einkünften, welche den Stolgebühren der Geistlichkeit gleichen; sie sind also das Wildbrät auf beiden Tafeln. Sie haben das Unangenehme, daß sie erstlich zufällig sind, zweitens Gelegenheit zu Gewissensscrupeln geben — man weis, wie zart dieser Theil bei Beamten ist — drittens dem Herrendienst nachtheilig, weil sie den ehrlichsten Mann öfters zwingen, die Angelegenheiten der Privaten dem öfentlichen Interesse vorzuziehen.

Nicht genug: sie sind fähig einen rechtlichen Mann schlaflos zu legen, und ihn in den süßesten Vergnügungen des Lebens

zu

zu ſtöhren. Abgeſpannt von dem eiſernen
Blok, den man Kanzleitiſch nennt, und der
Berichte über die Klagen der Unterthanen
und die Schikanen der Nachbare ſatt, wirft
ſich Lindor izt in ſeinen Schlafrok und will
ſein Weibchen umarmen. — Halt! Es
ſchellt! Was wird's geben! Iſts etwan
eine Jagdfrohn? Betrifts Soldatenquar-
tier? Hat ſich Einer aufgehenkt, oder er-
tränkt?

Nein. Helas! Es iſt ein Verweis von
oben herab, daß das Amt bei der jüngſten
Inventur zu Viel an Sporteln angeſezt.
Lächelnd legt ihn der Beamte in ſein Fach:
aber inzwiſchen iſt ſein Liebchen eingeſchlaf-
fen; und dieſes unglükliche Sportelſyſtem
hat die Welt um einen jungen Lindor gebracht.

Iſt's Rührung über dieſem Punct —
Aufgeklärte Regirungen denken an Alles —
iſt's Menſchliebe — denn man behauptet,
daß es Beamte gäbe, bei denen der Paſcha
von Scutari noch Lection nehmen könnte:

genug

genug wir haben die bewundernswürdige
Anstalt erlebt, daß im Landgrafthum Darm-
stadt die Sporteln abgeschaft, und den Beamten dafür eine verhältnismäsige Besoldung
zugelegt ist.

Beglükte Idee! Der Beamtentisch steht
nunmehr fest. Nie speist sich angenehmer
und wollüstiger, als wenn man seines Cou-
verts sicher ist. Sporteln machen nur eine
unsichere und schwankende Tafel. Man ißt
nunmehr im Darmstädtischen Lerchen statt
Blutegeln. Der Staat kan auf die Ge-
nauigkeit seines Diensts und den Appetit seiner Beamten rechnen.

Die

Die
Stimme der öffentlichen Vernunft
an
der Grabsäule
Voltaire's.

————

Kan man einen Menschen geizig nennen,
welcher Häuser bauet, um sie zu verschen-
ken; welcher sein Geld auf die niedrigsten
Zinnse ausleihet, und solche Jahre lang in
Vergessenheit läßt?

Kan man Demjenigen Kargheit vorwer-
fen, der sein Haus zu einem Gasthof macht;
der die Gastfreundschaft weit über ihre Gränzen treibt, und seine Gäste öfters noch mit
Reisegeld und Equippagen beschenkt?

Ist der Mann ein Filz, den man Obli-
gationen und Wechselbriefe zerreißen siehet,
um seine Schuldner schlaflos zu legen; der

sich

sich für Kapitale mit Versen bezalen läßt;
der beinahe bei allen Kontrakten, die er
schließt, sich freiwillig verkürzt?

Ist's Wucher, wenn man überflüßiges
Gesinde hält, blos um es leben zu machen;
wenn man sich von seinen Dienern unge-
straft bestehlen läßt; wenn man immer offene Hände zum Almosen hat; wenn man
Heirathgüter verschenkt, und Waisen ver-
sorgt?

So oft man aber die Philosophie schimpfen, ihre Sitten verächtlich machen will:
so beruft man sich auf den Geiz des Herrn
von Voltaire.

Wie: VOLTAIRE, der Abgott und
der Freund aller guten Gesellschaften — Voltaire, der bei den Bankeruten, die man ihm
spielte, sich durch ein Bonmot tröstete, und
für den öftern Betrug, den er erfuhr, blos
durch ein Epigramm rächte — Er, der hundert Gelehrte unterstützte; der bald Kolonien
anlegte, bald die Rechte der Menschheit auf
                                          seine

seine Kosten reklamirte; welcher der Retter
so vieler Unglüklichen war, und seinen Fein-
den Palläste und Landgüter antrug; der
Schaubühnen errichtete und Spectakel gab,
nur um die Künste zu befödern, und seine
Gäste zu unterhalten; der seine Werke verschenkt, um die Handlung zu beleben — mit
Einem Wort, der mit der Pracht eines
Prinzen lebte, und reicher und wohlthätiger
war, als alle Gelehrte Europens zusamm-
genommen, Der sollte Juden prellen und
sich an Wachsstümpchen bereichern!

Jene Züge sind Thatsachen. Sie liegen
in der unbefangenen Lebensgeschichte des
Mannes; sie liegen in der Geschichte von
Ferney, von Delices, in der Geschichte eines le Kain, le Fevre, le Maire, Jean Jacques Rousseau, Linant, Darnaud, Pitot,
de Mouhi, Detalonde, in der Geschichte der
Calas, der Sirven, der Corneille, der Einwohner von Gex, in jener der Guemene,
der Terral, der Vagniere ꝛc. ꝛc.

Man

Man weis nur einen einzigen Unglüklichen, den er hilflos lies. Dieses zog ihm
ein Epigramm zu, welches mehr Bitterkeit
als Wahrheit enthält. Es war der Cheva-
lier von Guyot.

Michel Guyot von Merville, ein Zeit-
verwandter des Herrn von Voltaire, ist der
Verfasser einiger Schauspiele. Er schikte sie
dem Herrn von Voltaire zu, um ihm seinen
Hof zu machen. Dieser würdigte ihn keiner
Antwort. Der Ritter Guyot konnte sei-
ne Empfindlichkeit darüber nicht verbergen.
Dies benuzten zween Feinde des Herrn von
Voltaire, der ältere Rousseau und der Abbt
Desfontaines, auf eine so grausame als nie-
derträchtige Weise. Sie sezten auf ein Pam-
phlet, das sie so eben gegen den Herrn von
Voltaire unter der Presse hatten, Guyot's
Nahmen. Nach mancherley Tüken, die ihm
sein widerwärtiges Glük gespielt hatte, kam
Dieser auf der Kreuzstraße seines Lebens
nach Genf. Unbewust des Streichs, den
er im Rüken hatte, wollte er den Herrn von
Voltaire besuchen. Dieser empfieng ihn mit
Kalt-

Kaltſinn. Guyot verlor darüber den Kopf.
Er verſchloß ſich in ſeine Kammer, ſezte eine
Bilanz über ſeine Habſeligkeiten und ſeine
Schulden auf, legte ſie auf den Tiſch, und
verlies Genf in einem alten Ueberrock, nachdem er folgendes Epigramm auf die Bilanz
mit einer Steknadel geheftet hatte.

Quand l' Eternel, auſſi juſte que grand,
Eut fait au riche un devoir neceſſaire,
De foulager danſ le pauvre ſoutfrant,
Un ſerviteur, un compagnon, un frére:
Pour renverſer cette loi ſalutaire,
Deſ vainſ tréſors le gardien infernal
Satan, donna par ordre contraire
Tout à l' avare, et rien au liberal.

Im Augenblik, da man dieſes fand, kam
ein Bote von dem Herrn von Voltaire, den
ſeine Handlung gereuet hatte, an, um den
Ritter nach Ferney zu invitiren. Allein er
war nimmer aufzutreiben. Es fand ſich einige Tage hernach ein Leichnam am Ufer
des Genferſees, den die Wellen ausgeſpien
hatten. Man ſagte, es wäre der Ritter
Guyot. Weit wahrſcheinlicher aber iſt's,

was

was man von dem Freunde, bei dem er gewohnt hatte, einem schweizerischen Edelmann,
weis, daß er sich zu den Kapuzinern zu Saint
Claude begeben, und allda als Layenbruder
gestorben.

Diese Anecdote ist vielleicht eben so neu,
als sie aufrichtig ist. Allein was enthält
sie? daß die Grosmuth eines Mannes ihn
nicht von der Empfindlichkeit ausschliest;
daß der gröste Geist zwar überrascht werden kan, ein edles Herz aber sehr bald wieder zurükkommt; kurz daß die Stunden bei
einem Philosophen sich so wenig gleich sind,
als bei jedem andern Sterblichen.

— Aber, schreyt man — Tantale en Pro-
cès! Epitaphe de Voltaire! etc. etc. etc. *)

Gedichte sind keine historische Beweise;
und die Satire eines Königs macht keine
Thatsache. Friederich der Große widerlegte
diese

*) S. Oeuvres posth. de Fréderic II.

diese Satiren öfentlich durch die Lobrede die
er auf den Seeligen machte.

In der That, wie läßt sich auch unge-
straft denken, daß es dem König Ernst war.
Müste er nicht sich selbst, seine Regirung,
seine Gesezzgebung prostituirt haben. Oder
wären ein Magistrat, der bei solchen An-
klagen durch die Finger sähe, und ein König, der zu solchen Missethaten lachen würde, nicht noch ruchloser, als der Verbrecher
selbst.

Läßt sich Dies nun von einem Regenten,
wie Friederich II, und einer Justizverfassung,
wie die preußische, vermuthen?

Große

Große Wirkungen aus kleinen Ursachen.

Als der unsterbliche Patrigde sich auf die Höhe des Sternkreises schwang und auf die Erde herabsah; als er mitten durch die Wirbel, die Sphären und Feurkugeln, welche den leeren Raum anfüllen, hindurch erblikte, womit die Zeit schwanger gieng; als er den Einfluß der Sonnen, die über unserm Haubte funkeln, genau abwog, und auf Jahrtausende hinaus berechnete; als er vorausfagte, was aus der Buhlschaft zweener Planeten entspränge; mit Einem Wort, als er die Entschlüße des Himmels an den Sternen las, und dem Schikfal seine Bahn vorzeichnete: so fand er ohne Zweifel, daß einst die Deutschen den Würdigsten zu ihrem König wählen würden — aber fand er wol daß die Krönung desselben blos von einer kleinen Stumpfnase aufgehalten würde.

So

So wahr ist's, daß die größten Bege-
benheiten in der Geschichte öfters aus sehr
kleinen Ursachen entsprungen sind. Ein par-
fumirter Frauenzimmerhandschuh stiftete den
Frieden zu Utrecht: Sechs Verse entzünde-
ten den siebenjährigen Krieg: die Schwefel-
cur einer Dame, deren Liebhaber zur Functi-
on nötig war, drohte beinahem die Krönung
eines der größten und tugendhaftesten Kaiser,
den sein Vaterland jemals sah, und jemals
wünschte, zu verzögern.

O miferae leges quae talia cri-
mina fertis!

***

Jüngſt wohnte ich einer Exekution bei. —
Ich weis, daß es nicht fein ſteht für hüb-
ſche Leute, dergleichen Schauſpiele zu be-
ſuchen. Allein ich wurde durch meine Rei-
ſegeſellſchaft hingeriſſen; und ich wafnete
mich mit dem Sinnſpruch des Scharfrich-
ters zu Paris *). Kurz, es war eine Jau-
nerfamilie, die man abthat.

Wird mir's die Nachwelt glauben: das
Urtheil enthielt, die zwei Kinder, welche in
die

***

*) — — c'eſt un amateur. Bei der Exekution
des Königsmörder Damiens drang ſich der
Philoſoph Condamine durch die Wellen. Der
Scharfrichter von Paris, der ihm zuſah, rief:
Plaz für dieſen Herrn! Es iſt ein
Liebhaber!

die Exekution verflochten waren, sollten erstlich, das heist unter den Augen des Vaters,
hingerichtet werden?

Und Dies geschah? — Ach! — Zwar
sah ich's nicht; denn vor Entsezzen überlie-
fen mir die Augen, und ich muste mich aus
dem Kreise retten. Aber durch das erbärm-
liche Wehegeschrey des Vaters, das in die
Luft drang, erfuhr ich's.

Es ist also wahr, daß die Justiz öfters
noch barbarischer und dummgrausamer ist,
als die Religion! Wozu dieser unmenschli-
che Ueberfluß der Pein? Hier richtet man
also nicht für's Publikum hin, sondern für
den Delinquenten? Das heist, man weis
nicht, warum man hinrichtet; man miskennt
noch die ersten Linien des peinlichen Rechts.

Wenn diese Sentenz im Lande der Tiger
gefällt worden wäre, so konnte sie nicht
scheuslicher ausfallen. Es war eine der hor-
rendesten Scenen in der Natur. Die Seele des armen Mannes wand sich unter der
Hin-

Hinrichtung seiner Kinder wie eine wütende
Schlange; sie brüllte aus ihrer Höhle. Er
empfand diese Exekution weit mehr als seine eigene, welcher er mit einem Muth entgegen gieng, die Jedermann überzeugte, daß
er den Tod als ein Pflaster auf seine Wun-
de ansähe. Mit Einem Wort, er wurde im
strengsten Verstand zweimal hingerichtet.

Und Dies nennt sich dann Gerechtig-
keitsakt! — Hui! Wollte die Justiz gerecht
seyn, so muste sie sich gegen den vorhande-
nen Landrichter und seine Schergen wenden.

That sie's? Nein. Unglaublich ist's,
das Eingeweide eines der abgehärtsten Jau-
ner empörte sich; aber beim Landrichter und
seinem Spektatorium rührte sich keine Ader.

Welcher Zug zur Naturgeschichte des
Menschen!

Mein

Mein Cahier an die Nationalver-
sammlung zu Paris.

Meine Herren.

Sie haben den Adel zur Menschheit her-
abgebeugt: noch ein Schritt, welchen der
Vorrang ihrer Gesezzkunst erwartet, ist der,
daß Sie die Thiere zur Menschheit hinauf-
erheben.

Wer sind sie? Geschöpfe — unsere Ge-
schwisterige — Wesen, die aus demselben
Thon entsprungen und an derselben Kette
bangen, wie Wir. Stehen sie nicht, wie
Andere Bürger der Natur, unter ihrem
Schuze. Leisten sie uns nicht jene Hilfe,
und noch mehr, wie Sklaven. Ihre Wolle
kleidet uns; ihr Fleisch nährt uns; ihre
Nerfen unterstüzen uns. Die Hälfte unseres
Daseyns wäre, ohne sie, unnüz.

I. Bändchen.　　　　K　　　　Sie

Sie haben also auf unsere Achtung ein
Recht. Die medizinische Polizei hat uns
längst darauf hingewiesen, wie viel Einfluß
die Schonung der Thiere auf die Gesundheit der Gesellschaft habe; der Moral kommt
es nunmehr zu, den Einfluß derselben auf
die Menscherziehung zu beherzigen. Die
Henker fangen ihre Lehre bei den Hunden
und den Kazen an. Nichts giebt, wie man
sagt, bessere Menschenschinder, Scharfrichter und Schergen als die Fleischer, die Jä-
ger und die Soldaten.

Sollte demnach ein Blik auf die Thiere
unsere Würde entehren. Vielleicht würde
ein Gesezz, das sich mit ihnen befaßte, zunächst an die Erfindung unserer Philantro-
pine gestellt zu werden verdienen. Vielleicht
würde es der Nachwelt ein wichtigeres Denk-
mal von dem Umfange unserer Einsichten
und unseres Geists ablegen, als unser ius
civile et canonicum.

Ich weis sogar nicht, ob es mehr unsere
Staatskunst erheben würde, oder unsere Religion.

ligion. Ehret die Gottheit in ihren Wer-
ken, ruft die Stimme der Natur; ihr seid
zu ihren Priestern berufen, nicht zu ihren
Henkerknechten.

Fragt den Geist des Jahrhunderts, ihr
Juristen: worauf muß sich eine gute Gesezzgebung gründen? „Aufs Recht der Natur,‟
wird er euch antworten. Ruft von der
Spize der Orkaden an bis zu den Säulen
des Herkules: worinn liegt der Grundsaz
der besten Ordnung? „Im natürlichen Ge-
sezz‟ wird euch entgegenhallen.

Wolan, wie heist das Gesezz der Natur? — Liebet! Und sein Anhang? —
Ehre Deinesgleichen!

Dies nun wären die Thiere?! — Ja
Doktor, wissen Sie nicht was Salomo,
Ihr und unser Aller Meister sagt:

Der Mensch ist wie das Vieh.
Herr oder Hund, wir müssen All fort,
Und kommen All' an Einen Ort.

Wie

Wie sehr hat der Mann Recht. Die
Organisation der Thiere ist eben so edel, so
bewundernswürdig wie die unsrige. Ihre
Seele ist zuweilen noch feiner. Wenn wir
sie am Verstand zu übertreffen scheinen, so
übertreffen sie uns an Gefühlen. Ihre Liebe, ihre Mäßigkeit, ihre Gedult, ihre Tapferkeit, ihre Treue, ihre Zärtlichkeit sezen
den Philosophen in Erstaunen.

Allein zur Schände der Vernunft, und
der Freiheit des menschlichen Geists, wagte
sich die Philosophie der Gesezze nie über den
engen Zirkel hinaus, den die Aristote und
die Triboniane um sie schloßen. Man sieht
den Gesezzen überall an, daß sie vom Menschen gemacht sind.

Ihnen,

   meine Herren,

kommt es zu kühner zu seyn, der Gesezge-
bung die Linie zu zeigen, wohin sie reichen
kan und muß.

        Der

Der Anblik eines Schaafs am Strike
des Fleischers, eines Pferds unter dem Sat-
tel des Postkerls oder des Fuchsjägers, eines Hundes unter der Hezzpeitsche seines
Führers ist schreyend. Er entehrt polizirte
Nationen.

Schaffet eure Fanghunde ab, ihr Fleischer: sie vergiften uns die Speisen, und
verbreiten die Tollwuth!

An die Karre mit dem Lümmel, den man
mit der Misthake auf seinen Gaul oder Och-
sen schlagen sieht!

Das Eisen dem Kerl auf den Ruken, der
sich zum Unternehmer einer Thierhezze an-
trägt!

Leget euch auf die Holzpflanzung, ihr
Hirschhezzer und Fuchspreller! Holz ist
uns nötiger als eure Kunst.

Unter die Ruthe mit dem Knaben, der
eine Kazze oder einen Hund quält: er wird
zum Menschenschinder.

So

So sollte die Polizei dem Publikum von den Läden der Rathhäuser und den Tennen der Kanzel zurufen: so,

meine Herren,

hoffe ich, wird sie es durch das Organ Ihrer Gesezzgebung thun; einer Gesezzgebung, die einst eine Schule der Sitten*), der Menschlichkeit, der gesunden Vernunft; und das Muster von Europa seyn wird.

Physio-

*) Hier liegt der Haas im Kraut. Die Thierschinderei ist eine Schule für Zänker, Schläger, Haustirannen und dergleichen einträgliche Laster. Bei diesem Vorschlag würde sich also Inkonvenienz finden — nehmlich auf Seite des Fiskus.

Anmerkung eines Dritten.

Physiognomisches Fragment.

Man sagt, rothe Haare wären falsch. Ich weiß nicht, ob die Tugend in den Haaren stekt; aber es leben die Blonden!

Worauf mag sich immer diese Meinung gründen? Auf eine altfränkische Physiologie. Bei Gott: wenn die Farbe der Seele sich auf der Haut oder in den Haaren ausdrükt: so halte ich's mit den rothen. Messaline, Kleopatre, Marie von Medizis waren Brunetten.

In der That, man hat einen andern Waidspruch: unter einer schwarzen Larve liegt selten eine weiße Seele. Vielleicht schreibt er sich aus der nehmlichen seichten Quelle her: aber er lügt nicht so oft.

Die Nordländerer sind größtentheils von einem edlen Karakter, und haben blonde

K 4   Haa-

Haare. Man sagt, daß es nirgends schö-
nere Herzen gäbe, noch zärtlicher geliebt
würde, als zu Berlin. So oft man hingegen von tükischen, rachsüchtigen und gefährlichen Nationen spricht, so bezieht man sich
auf die Italiäner, auf die Griechen und
Schwarzen.

Mich dünkt, der Streit zwischen den
Blonden und den Brunetten läßt sich weit
eher aus der Moral entscheiden als aus der
Physik. Man rächt sich gern für Ungerech-
tigkeiten der Natur.

Blonde Gesichter sind, wie die Kenner
behaupten, reizender als schwarzbraune. Sie
haben etwas Schmachtendes, etwas Sanf-
tes, etwas Empfindsames. Diese Züge lassen selten eine Mischung von Falschheit zu.
Meine Freunde versichern mich, daß sie nie
von Blonden betrogen worden.

Brunetten sind lebhafter. Sie sind ge-
bohrne Koketten; denn da sie die Natur
nicht zu demselben Sieg berufen hat, wie
ihre

ihre Nebenbuhlerinnin: so suchen sie solche durch Kunst, durch Galanterie, durch Eroberungen, kurz durch Maliz, zu übertreffen. Ich wollte wetten, Proserpine, Xantippe und Madam la Fontaine waren Schwarzbräunchen.

Belindens Haarlocke aber war blond. So glänzt sie aus den Sternen herab, wohin sie der Heldendichter versezte. Agnes Sorel, die zärtlichste aller Seelen, war blond. Washington, Pitt, der Herzog von Südermannland sind blond: Linguet, van Eupen und Maurojeni hingegen sind schwarz.

Her

Hermion von Samos.

Hermion war einer der stattlichsten Bürger zu Samos. Er stand in manchen Verbindungen, und besaß ein schönes Gut. Uebrigens war er ein schlichter, kluger und ehrliebender Mann, der auf Nichts dachte, als wie er seine Pflichten als Bürger, als Nachbar und als Ehemann gut erfüllen wolle.

Hermion legte so eben einen Gartten an vor dem Thore. Er war mit dem Maler im Gespräche, was er für ein Sujet zum Dekenstük wählen sollte. Der Maler mehnte, der Besuch des Vertumnus bei Pomonen möchte eine neue und anziehende Idee seyn. Hermion aber wälte das Gastmal des Celeus, als er die reisende Demeter bewirthete. Hier kommt ein Bote an, daß in der Stadt Aufruhr wäre.

In

In der That weis man eigentlich nicht, auf welcher Seite das Recht war. Der Pöbel empörte sich über die Obrigkeit. Beide Theile schienen Etwas vor sich zu haben. Die Klagen des Publici waren alt; die Obrigkeit misbrauchte seine Gedult. Auf der andern Seite waren die Forderungen desselben übertrieben.

Vielleicht hätten zwei Tropfen Wein, ins Waſſer gegoſſen, die Flamme in ihrer Geburt erſtikt. Aber dazu war man zu ſtolz. Die Ephoren verachteten den Poebel zu tief. Sie hielten ihn blos für Vieh, für einen Pakeſel, dem Nichts abgienge, als Diſteln und Schläge. Daß ein ſolches Thier jemals fähig ſeyn ſollte, über ſich nachzudenken und ſich zu empören, das ſchien den Schreibern in der Kanzlei zu Samos unendlich lächerlich.

Deswegen ſchlampampten ſie und ihre Weiber und deren Vettern und Baaſen, desgleichen die Rathsconſulenten, Prokuratoren, Beiſizer und Gerichtsboten, mit Einem Wort Alles was vom öfentlichen Elend lebt, unbeküm-

bekümmert fort. Aber, wie gesagt, plözzlich
brach die Flamme aus. Man stekte Laternstöke aus. Man brach das Pflaster auf.
Man ruft: Zu'n Waffen, wer ein Patriot
ist!

Auf der andern Seite öfnet der Magistrat das Zeughaus. Man zieht die Feldschlangen und Feurbüchsen, welche von der
trojanischen Kampagne vorhanden, hervor.
Der Syndikus, in Mantel und Kragen,
steigt auf die Tribune und verliest das Fridensgeboth. Man schikt Renner nach Korinth und Sparta um die Kreishilfe.

Allein das Feuer brennt lichterloh. Kein
Quartier! Keine Neutralität! Ein Haufe
Rasender läuft nach der Wohnung Hermions und präsentirt ihm die Kokarde. Er
mus wählen, oder der Plünderung gewärtig seyn.

Dies war nun für den edlen Mann ein
höchstküzzlicher Fall. Durchdrungen von der
Ehrfurcht fürs Gesezz, aber zu schwach sich
dem

dem Strohm zu widersezen, was soll er
thun. Da steht er gepreßt zwischen dem
Staat und sich Selbst. Soll er zum Ver-
räther werden — ohne Grundsaz? Soll er
sich aufopfern — ohne Nuzen? Nie sah man
sich zwischen zwei grausamern Extremen.

Die Frage, was ist einem tugendhaften
Bürger, der die Fluth des Aufruhrs her-
anbrechen sieht, wenn er den Wellen nimmer entfliehen kan, für eine Parthie übrig,
mag wol eine der intrikantesten seyn.

Hermion fand die Antwort darauf in ge-
sundem Wiz und einem festen Herzen. —
Kamraden, sprach er, Nichts ist gerechter
als euer Beginnen. Jupiter zerschmettre die
Tirannen! Erwartet mich, ich bitte, auf
dem Markte. Ich eile blos nach meiner
Garderobbe, um mich gehörig zu wafnen
und an eure Spize zu tretten.

Inmittelst schlich er sich durch eine Hin-
terthüre weg, und suchte den Philosophen
Olinth auf.

Olinth

Olinth' lebte, unweit der Stadt, in einer Klause. Er kannte die Welt und die Menschen, denn er glänzte einst unter ihnen; und er hatte den Ephoren oft prophezeyt, ihre Wirthschaft würde noch ein böses Ende nehmen, wofern sie solche nicht änderten. Zum Dank dafür wurde er aus der Stadt verwiesen. Seitdem beschäftigte er sich blos mit der Betrachtung der Natur, des Himmels, und mit den Grundsäzen einer sublimen Moral, welche ihm sein offener Geist und sein vortrefliches Herz einflößten. — Willkomm Herr Nachbar! sprach der

Philosoph. — Willkomm bei Wasser und Rüben!

Herm. Ach! Vielleicht besize ich morgen nicht mehr so Viel; Vielleicht ist Hermion in diesem Augenblik nicht mehr so reich als Olinth.

Der Philosoph. Das verhüte der Himmel! Mich dünkt, du bist außer Athem: erhole dich wenigstens bei mir. Oder kan ich dir

dir was Besseres antragen? (Hier schob
der Klausner sein armseliges Mittagmal
zurük.)

Herm. Ehrwürdiger Olinth! — Weiser
Mann! Nur allzusehr treffen deine Weis-
sagungen ein. Samos ist im Aufruhr.

Olinth. Ihr gütigen Götter! — stehet dem
Vaterland bei! Beschüzet alle redlichen
Bürger! — Du betäubst mich, Hermion.

Herm. So ist's, und nun sprich, was hat
ein rechtlicher Mann zu thun. Du kennst
meine Grundsäze — — —

Olinth. Ich verstehe dich. Du hast nur
Eine Parthei vor dir. Es ist jene, dem
Staat zu Hilfe zu eilen. Dies ist die
edelste, die sicherste, die anständigste.

Herm. Hieße Das auf die Seite der Auf-
rührer tretten, oder auf die der Obrigkeit?

Olinth. Du frägst! Armer Mann, hieran
erkennt man, daß dich der Schreken der
Ver-

Vernunft beraubt hat. Kan ein Bieder-
mann jemals schwanken zwischen dem Ge-
horsam fürs Gesezze und der Kokarde.

Herm. Aber seze ich bei dieser Parthie nicht
mein Vermögen, mein Leben, das Schiksal der Meinigen aufs Spiel?

Olinth. Die Obrigkeit ist gerecht und groß-
mütig. Sie kan dis Alles ersezen.

Herm. Oder wäre es vielmehr nicht räth-
licher, neutral zu bleiben?

Olinth. Wenn du kanst. Die Neutralität
ist aber eine undankbare Parthie. Außer
Dem bin ich im Zweifel, ob ein brafer
Bürger, wenn er das Vaterland in Gefahr sieht, gleichgültig bleiben kan.

Herm. Auch dann nicht, wenn er von der
Gerechtigkeit der Rebellion bei sich überzeugt wäre?

Olinth. Auch alsdann nicht. Eine gerechte
Rebellion! Wäre es auch möglich, daß
ein

ein Privatmann sich überzeugen könnte,
die Obrigkeit hätte Unrecht — welches
aber, wie du fühlst, niemals der Fall
bei einem einfachen Bürger seyn kan —
und gäbe es jemals einen rechtmäsigen
Aufruhr, so würde ein edelmüthiger Mann
gleichwol verabscheuen, daran Theil zu
nehmen, weil es nie ohne Unmenschlichkei-
ten und ohne Barbarei abläuft. Es ist
wider die Vernunft, sich mit Narren und
Rasenden ins Spiel einzulassen. — Ich
höre Schüße fallen. Ihr Eumeniden,
schonet der Unschuldigen!

Herm. Dank dir, liebreicher Greis, meine
Parthie ist genommen. Ich bleibe neutral.

Olinth. Ich erlaube dirs nur auf den Fall,
wenn du dem Vaterland nicht besser dienen kanst. Dieses ist billig, es fodert
von uns nicht mehr als wir vermögen.
Fühlen wir, daß unser Arm zu schwach
ist, es zu schützen, die Parthie unsers Ge-
wissens zu soutentren, so erlaubt es uns,
daß wir uns entfernen. Einem wohlge-

I. Bändchen.   L   sinnten

sinnten Mann ist es zuweilen vorbehalten,
auch aus der Ferne zu wirken. Ja unser Geist ist in der Freiheit und Entfer-
nung öfters mächtiger, als im Geräusche
und im Taumel. Wenn ich behaupte,
man könne mit Ehren nicht gleichgültig
bleiben, so meyne ich nur, daß man keinen müssigen Zuschauer machen dörfe.

Herm. Leb wohl Freund, ich suche mir einen Schuzort.

Olinth. Die Götter geleiten dich! Im
Zweifel zwischen zwo gleich gefährlichen
Parthien entfernt sich der Philosoph, und
überläßt die Entscheidung dem Schiksal.

So machte es nun Hermion von Samos.
Er rettete sich mit seiner Familie und seinen
Wechselbriefen nach Larissa. Von hier aus
pflog er einen Briefwechsel sowol mit den
vornehmsten Häubtern der Rebellion, als
mit einigen ihm bekannten Rathsgliedern.
Die Erstern überzeugte er von der Thorheit
ihrer Unternehmung und der Gefahr des
Aus-

Ausgangs, die Andern von der Nothwendigkeit nachzugeben. Es gelang ihm, Etwas
zur Vermittlung beizutragen. Die Ruhe wird
wieder hergestellt: und gerührt von den Verdiensten Hermions und der Klugheit seines
Betragens, waren die Ephoren nicht unerkenntlich. Sie schloßen ihn in die allgemeine Amnestie ein, und bewilligten ihm ein
Belobungsdekret.

Das

Das Kapitel ohne Nahmen.

Wie oft muß man euch's wiederholen,
ihr Bibliomane, daß eure unglükliche Wuth
zu räsonniren, und die falschen Schlüße, die
ihr aushekket, der Religion bei denkenden
Köpfen Mehr schaden, als der kühnste Wiz
der Lukreze und der Voltaire.

Ihr sagt, zum Exempel, wenn Wunder
die allgemeine Erfahrung aller Jahrhunderte und aller Welttheile wider sich hätten,
so müßte ein Astronom, der einen neuen
Stern entdekt, alles Zeugnißes seiner Sinne
ungeachtet, doch die Existenz desselben läugnen; noch weniger könnt' er verlangen, daß
Andere daran glauben. Und ihr glaubt ver-
mutblich was außerordentlich Schönes, und
Scharfsinniges gesagt zu haben.

Inzwischen sagt ihr eine baare Plattheit.
Der Astronom, der bereits weis, daß es
Ster-

Sterne giebt, der die gegenwärtige Erscheinung mit Ihresgleichen zusammhalten kan,
der also aus fühlbaren Gründen von ihrer
Wahrheit überzeugt wird, hat, um Andere
zu überzeugen, Nichts nötig, als zu sagen:
Freund, hier ist ein Herschelsches Teleskop
und dort — steht der Stern.

Wenn einer eurer Korifäen spricht: „Athei-
sten, ich gebe euch zu, daß die Bewegung
der Materie wesentlich ist. Was könnt ihr
daraus schließen? daß die Welt aus dem
absichtlosen Spiel der Atomen resultire?
Eben so leicht könntet ihr sagen, Homers
Ilias, Voltairens Henriade wären das Resultat einer zufälligen Mischung von Buchstaben" — so bildet er sich ohne Zweifel
ein, daß er einen glänzenden Gedanken gesagt habe.

Aber wißt ihr, was man ihm darauf
antworten kan? — Nach den Gesezzen der
Analyse der Zufälle giebt es eine unendliche
Summe Würfe (absichtloser Kombinationen),
wodurch wirklich eine Iliade entstehen müste.

L 3   Ich

Ich beschwöre euch, höret auf, uns mit
eurer Logik zu sekkiren. Ueberlasset die
Wahrheit der Natur und unsern Gefühlen;
und fürchtet, die Spötter möchten denken,
es wären traurige Götter, welche Vertheidiger nötig, und dabei das Unglük hätten,
schlechte zu finden.

Brillianten.

Wenn man die Brilllanten betrachtet, welche der Petersburger Hof bei der leztern Friedensfeyr austheilte: so wird man bewogen auszurufen: Das mag mir wol eine Furcht gewesen seyn!

In der That, man weis nicht, welchem Theil diese Präsenten mehr Ehre machen, der Kaiserin oder dem König. Es scheint, diese Steine seyen eben soviel Trophäen im Helm Gustafs, als sie es für die Helden sind, welche damit geschmükt wurden. Ein solcher Aufwand zeigt, daß die Gefahr näher bei Petersburg war, als man sich gedacht hätte.

So wird sie die Geschichte betrachten, welche Brilllanten anderst zu betrachten pflegt als Juden und Juwelenhändler.

Allein

Allein wer wird ſie zalen? Der Petersburger Hof? Das ſpaniſche Miniſterium?
Die Silbergruben von Tobolſk? Traun,
ſie ſind ſchon bezalt; denn ſie wachſen in
gewißen Reichen unterm Schnee: aber es
iſt billig, daß Diejenigen, welche das Spiel
überſahen, die Faſſon daran bezalen.

Politi-

Politische Pädagogik.

Zwei Bänder sind's, welche die Gesellschaft zusammhalten, Religion und Patriotism. Das erstere führt zur Tugend, das zweite zur Ehre.

Warum unterschied also der Herr von Montesquieu diese Prinzipien von einander? Warum machte er karakterische Systeme daraus? Als wenn man sie nicht bei allen Nationen auf der Erde anträfe! Als wäre es nicht angebohrne Pflicht jedes Menschen, — in welcher Gesellschaft er auch lebt — die Tugend und das Vaterland zu lieben!

Es ist wahr, wir haben sehr wenig Bücher, welche uns von der wahren Natur des gesellschaftlichen Systems belehren. Einst machte ein Bodin, ein Grotius Epoche. Wir haben sie unter die Schulbank geworfen, woher sie kamen.

L 5   Bossuet

Boffuet erschien auf sie. Sein Gemälde von der allgemeinen Weltgeschichte ist glänzend; aber es hat den Fehler, daß es Alles auf einen einzigen Gesichtspunkt hinleitet, die Religion. Dieser Gesichtspunkt verschlingt in dem Werke, das sonst ein Meisterstük der Darstellung und der Kunst ist, alle übrigen. Er macht also dieses System einhüftig.

Rousseau's gesellschaftlicher Vertrag fällt, so sehr er das Orakel unserer Zeit ist, in eben diesen Fehler von einer andern Seite. Er paßt nur für Republiken: die Anwendung auf monarchische Regirungen ist daran vergessen. Dieser berühmte Philosoph scheint den Fehler der Einhüftigkeit von zween Staatslehrern angenommen zu haben, die in der That Seiner nicht würdig sind, Machiavel'n und Fra Paolo. Ersterer arbeitete nur für kleine italiänische Tirannen, der zweite für eine aristokratische Despotie.

Was ist der Grundsaz der Religion? Friede. Was ist Patriotism? Liebe zum
Frie-

Frieden. Diese beiden Prinzipien wären al=
so von einerlei Natur, sie wären mit einan=
der verbunden?

Inzwischen ist Eines doch stärker, als
das Andere. Die Religion befaßt sich nur
mit den Sitten: der Patriotism aber umfaßt
Alles: er dehnt sich auf alle Fakultäten des
Menschen aus. Patriotism ist bürgerlicher
Sittencurs, und Religion ist die Metaphy=
sik desselben.

Ist Dies richtig: so ist, und bleibt, das
beste Lehrbuch für unsere Erziehungsschulen
die römische und griechische Geschichte.

An

An
den Erbprinzen zu ***.

Von einem Philosophen.

Prinz.

Wenn ich die Frage, welche Sie
mir vorzulegen geruhen, als Professor des
gothischen oder vandalischen Rechts zu beantworten hätte; wäre ich Fürst, oder Minister: so hätten Sie ein plattes — Nein.
Aber Sie fragen mich als Philosophen, Sie
wollen solche also aus dem Rechte des Menschen, aus der Logik der Sitten und der
Vernunft beantwortet wissen. Hierauf ver-
seze ich Ihnen:

„Schön sind des Herzens Pflichten.“

Das Alter ist vorbei, wo wir unter der
Tirannei barbarischer Vorurtheile schmachte-
ten.

ten. Dank sei dem Genie der Zeit, wir
leben in einem Jahrhundert, wo sich die
Stimme der Vernunft laut ausdrüken, wo
ein Prinz als Philosoph, und ein Philosoph
als sein Freund denken kan.

Ja, mein Prinz, wären Sie einer von
den gemeinen Fürstensöhnen, besäßen Sie die
rohen Gefühle der durchlauchtigen Junker
des vorigen Zeitalters: so würde ich mich
sehr hüten, Ihnen die Wahrheit anzuver-
trauen. Aber Ihre Seele ist gebildet: Sie
können denken und fühlen: Ihre Tugend
macht Sie der Aufrichtigkeit Ihrer Freunde würdig.

Ich werde Ihnen also kaum Mehr sagen können, als Ihnen Ihr eigener Geist
sagt: Ihr Glük, Prinz, beruft Sie zur
Fürstenseligkeit: Ihr Herz mus Sie zur Men-
schenseligkeit berufen.

Wer wählt sich einen Freund, ohne ihn
zu kennen: aber ein Weib, den nächsten
Freund meines Lebens, sollte ich aufs Ungefähr

gefähr wälen? Nein, Monseigneur, so sehr
Sie Prinz sind: so sind Sie Mensch so gut
wie ein Anderer. Sie haben das nähmliche
Recht wie wir Uebrigen — das Recht sich so
glüflich zu machen, als Ihnen möglich ist.

Woher mag das Gesezz rühren, welches
Fürstensöhne an Fürstentöchtern bindet, und
Herzensheirathen zu Misheirathen macht?
Aus dem Archiv der Gothen und Vanda-
len, unserer Vorälter. Ahnenstolz und Un-
wissenheit gab ihm den Ursprung. Sei'n
Sie größer, Prinz, als Jene, und zeigen
sie barbarischen Gesezzen Verachtung. Wie:
der geringste Ihrer Unterthanen hätte das
Recht über Sie zu spotten; Er hat eine
Gattin, eine Freundin, eine Vertraute —
Sie nur ein Weib!

Nein, ein Fürst ist des Lebensgenußes
würdig so gut wie ein Bürger; er hat dieselben Gefühle, dieselben Eingeweide, und
er braucht dieselben Erholungsstunden wie
jeder andere Mensch — und noch mehr.
Ist's nun wahr, was der Ehekodex sagt,
daß

daß man diese nur an der Seite eines aus-
erwählten Weibchens am besten findet: so muß
es ihm erlaubt seyn, einen solchen Wunsch
zu hegen.

— „Sie haben das Unglük als Prinz ge-
boren zu seyn: die Wahl Ihrer Gattin hängt
also nicht von Ihrem Herzen ab, sondern
vom Staat." Falsche Maxime! Ein Prinz
ist der Nation Rechenschaft von seiner Wahl
schuldig, weil sie an seiner Ehre theilnehmt.
Allein sie kan nicht Mehr verlangen, als
Tugend. Diese stekt nicht im Blut. Die
Natur weis von keinem besondern Stof zu
Prinzessinin und Fürstinin. La beauté est
reine! *) sagte Joseph II. Und vielleicht sagte er in seinem Leben nichts Sublimeres.
In der That, wenn es nur der Tugend zu-
kommt, auf dem Thron zu sizen, so muß das
Recht, neben ihr zu sizen, den Grazien gehören.

Armer.

*) Zur Gräfin Barry, als er sie um ihren Arm
bat, um die Alleen zu Lucienne zu besehen,
und sie sich entschuldigte, daß sie dieser Ehre
nicht würdig wäre.

Armer Prinz! sollte man vielmehr sprechen, Ihr Schiksal verdammt Sie, keinen
Freund zu haben; denn Sie sind zur Regirung bestimmt. Es wäre zu grausam, Ihnen auch eine Freundin zu mißgönnen. Diese finden Sie nur in einer Gattin nach Ihrem Herzen. Ihre Wahl sei also frei. Die
Nation gesteht, daß Sie sich genugsam respektirt haben, wenn der Gegenstand Ihrer
Zärtlichkeit würdig ist.

Ja, Prinz, wenn Sie ein ungerathener
Jüngling wären! Dann wäre es was Anderes. Gewiß, die Alten hatten Recht, den
Willen Ihrer Söhne zu binden, weil solcher wild war. Wir haben Ursache, den
unsrigen den ihren zu lassen, weil sie erzogen sind. Wenn man so viel für seinen Geist
gethan hat, wie Sie, mein Prinz, so ist
man befugt, für sein Herz zu sorgen.

Nichts, sagt man, macht dieses glüklich,
als Simpathie. Ein alter Waldspruch!
Wahr ist's, Monseigneur: aber da ich nun
auf den Weg der Pedanterei gerathen bin,
so

so erlauben Sie mir immer, den zweiten hinzuzusezen. Warum sind die Kinder der Liebe insgemein vollkommener als die Kinder Hymens? Weil sie ihr Daseyn der Simpathie, das heist dem Reize der Freiheit und der Wolluft, schuldig sind.

Selbst die Natur interessirt sich also für die Liebe? Wie Sie sehen, Prinz. Denn was ist's, das Fürsten bewegt, zu Buhlerinin zu fliehen, das dem Laster die Thore öfnet, als Rache am Portrait.

Geburt, Stand, Herkunft — armselige Vorurtheile! Ihr seid's, die so viel freudenlose Geschöpfe machen, die eine der süssesten Konventionen des Lebens in eine Ruderbank verwandelt haben. Oder wollt ihr uns etwan die verlornen Rechte der Gleichheit herstellen, indem ihr den grösten Herrn zum grösten Sklaven macht.

Es ist wahr, man weis, was Erziehung thut. Aber schliest sie Bürgerstöchtern von sich aus? — Ja, sie thut Alles. Sie ist's, die den Menschen macht, die Geburt, Stand, Herkunft und Reichthümmer ersezt, die ein Schäfermädchen einer Krone würdig macht.

Mit Einem Wort, Prinz: Ihre Ahnen vermählen sich nicht; Ihr Volk vermählt sich nicht — Sie vermählen sich. Im wichtigsten und schönsten Augenblick Ihres Lebens seyn Sie — Souverän!

Demoi·

Demoiselle —
an den Erbprinzen zu ***.

So, Prinz, spricht die Moral des Herzens: aber die Moral der Fürsten spricht
anderst. Diese will, daß Prinzen Muster
des Wohlstands geben sollen. Hier hilft
nicht Philosophie: der Ruhm Ihres Hauses,
der Glanz des Staats hängt von der Allianz
ab, die Sie treffen. Mit solchen Interes-
sen, ich beschwöre Sie, Prinz, sollte jenes
unserer Herzen in Vergleichung kommen?

Denken Sie nicht, daß ich fühllos sei
gegen Ihre Zärtlichkeit. Ich weis den Preis
derselben zu schäzen, und ich möchte meine
Empfindungen mit keiner Prinzessin von der
Welt theilen. Erlauben Sie aber, daß ich
mir selbst Achtung leiste, indem ich jene dar-
lege, die ich Ihnen schuldig bin.

Es

Es ist nicht nur Fürsten⸱ und Minister⸱
vorurtheil, mein geliebter Prinz, sondern die
Standesheirathen sind sogar ein Volksvor⸱
urtheil. Der geringste Ihrer Diener errö⸱
thet darüber, seine Magd zu heirathen.

Ich weis wohl, wie Sie sagen, daß es
mehr misvergnügte Fürsten, mehr unglükli⸱
che Prinzeſſinin, mehr Separationen und
Aergerniſſe in Standesehen giebt, als in
Inklinationsehen. Ich will Ihnen sogar zu⸱
geben, daß die Inklinationsehen große Bei⸱
spiele vor sich haben von Ludwig XIV an
bis auf ***. Aber, Prinz, bedenken Sie
nicht, daß, wenn bei den Verbindungen der
Fürsten die Simpathie fehlt, so hat ihnen
die Vorsicht desto mehr Mittel gegeben, sol⸱
che durch alle Reize des Vergnügens und
der Sentiments, durch Alles was Herzen
rühren und heften kan, zu ersezen.

Ja, mein Prinz, wären Sie Meines⸱
gleichen, so würde unsere Leidenschaft viel⸱
leicht das Glük unserer Tage machen. Aber
„die Liebe gebiethet sich nicht“: wer steht
Ihnen

Ihnen dafür, daß ich Ihnen nicht einst so
verächtlich, so unwürdig, so abscheulich werden könnte, als ich Ihnen izt anbetenswerth
scheine. Und Dieß müste ich verdienen, wofern ich Ihnen nicht gegenwärtige Vorstellung machte.

Prinz: die Ehre ist Ihr Tirann. Unterwerfen Sie sich ihm. Sie sind es der
Ruhe Ihres Geists, der Zufriedenheit Ihres Volks schuldig. Sprechen Sie mir, ich
bitte, Nichts von Verzweiflung. Wie wenig mus ein Opfer Den kosten, der so viele
Opfer zu thun hat, und dessen ganzes Leben
eigentlich ein Opfer ist.

Ich verschone Sie, weil Sie es so haben wollen, mit der Entschuldigung, daß ich
mich zur Würde, die Sie mir antragen,
zu gering fände. Nein, ein Mädchen, welches Sie mit Ihrer Neigung beehren, ist
nimmer gering. Ich weis, daß Ihre Grosmut, Ihr Beistand, Ihr Unterricht die
Mängel meiner Erziehung verbessern könnten. Kurz, mein erlauchter Freund, legen

Sie

Sie die Reflexionen, die ich Ihnen mache,
für keine Ziererei aus. Wer wird sich nicht
wünschen, die Ihrige zu seyn; und Sie kennen die Falte meines Herzens nur allzugut.

Aber gönnen Sie meiner Zärtlichkeit den
Sieg, Sie Sich Selbst und Ihrer Pflicht
zurükgegeben zu haben. Dies ist der Preis,
den ich mir von der ihrigen ausbitte — der
Beweis, den ich Ihnen und der ganzen Welt
von der Empfindung zu geben wünsche, daß
ich Ihres Herzens werth war.

Und bei solchen Gesinnungen sollten Sie
es über Sich bringen können, mich der öffentlichen Verachtung blos zu stellen? Eine
solche Flamme sollten Sie dardurch erwie-
dern, daß Sie mich dem Haß des Landes
ausseztet? Sie sollten es leiden, daß das
Opfer Ihrer Leidenschaft für eine Verfüh-
rerin, für eine Niederträchtige, für eine
Thörin gehalten würde; daß Ihre Sottise,
verzeihen Sie mir, liebenswürdiger Prinz,
unverschuldet auf Mich zurükfiele?

Nein,

Nein, mein Gebiether, dazu ist Ihre Seele zu erhaben, und zu gerecht. Dazu haben Sie für meine reine und tugendhafte Liebe zu viel Achtung. Sie sind eines bessern Glüks werth, als Ihnen ein Bürgersmädchen machen kan. Eilen Sie, es zu genüßen.

Ach, Prinz, wie sehr hat Ihr Philosoph Recht:

Schön sind des Herzens Pflichten.

Ich empfinde die Wahrheit dieses Spruchs in diesem Augenblik, da ich das meinige seiner Pflicht aufopfere — jener nehmlich, einer allzukühnen Täuschung zu widerstehen, und sie in Ehrfurcht zu verwandlen.

Die

Die Simpathie.

Ein physiologisches Fragment.

Was ist Simpathie? Ist diese Frage in einer Flugschrift schon berührt worden? Ists erlaubt, sie zu berühren? —

— Ich weis es nicht. Aber ich wage es — auf die Gefahr, mich lächerlich zu machen.

Schöne Seelen: nur für Euch schreibe ich diese Zeilen. Auf Euer Urtheil berufe ich mich — nicht auf jenes der Schulvögte.

Ist die Simpathie etwas Geistiges, oder etwas Körperliches? Sie mus wol das Leztere seyn, weil es ihre Wirkungen sind. Entsteht sie aus der Seele, oder ists Magie der Sinnen? Wie kommts, daß zwei Personen, die sich zum erstenmal sehen, blizzschnell gerührt werden, und in einander schmelzen?

zen? Noch Mehr, wie kommts, daß man einer gewißen Person gut ist, ohne sich einen Grund angeben zu können?

Giebt es eine Harmonie der Nerfen? Existirt ein Electr, welches von den Augen oder der Zürbeldrüse ausströhmt? Oder ist die Simpathie ein Spiel gewißer unendlich projektiler Geisterchen, die ihren Siz in der Gegend des Herzens haben?

— Ihr seht wenigstens, daß die Rede von der Simpathie der Herzen ist, und nicht von der Simpathie der Schwarzkünstler.

Ja, es existirt eine Verwandtschaft der Geister. Swedenborg lehrt sie, und der Instinkt, den wir Simpathie nennen, beweist sie. Dieser Instinkt ist Nichts, als die Stimme des Silfen, der uns bewohnt: Sie ist's, welche für mich geschaffen ist!

Schöne Seelen: folgt den süßen Zügen der Simpathie! Sie trügt nicht: sie leitet euch sicher, denn ihre Leiter sind unsterblich.

M 5   Comte

Comte d'Artois.

Très cher Président de mon ame,
Je bâtis en vrai libertin,
Ma maison de ville et ma femme;
L'autre un petit catin,
Que j'entretiens au depens de Madame.

Wenn der Graf von Artois niemals was
Anderes gemacht hätte*), als diesen Vers:
so stünde die Bastille noch auf ihrem Teller;
wir sähen nicht eines der schönsten König-
reiche in Flammen; und er selbst würde nicht
in den Alpen von Piemont vegetiren.   Wir
wür-

*) Der Prinz machte ihn eines Abends beim
Schlafengehen nach einer derben Vorstellung
die ihm sein Kanzler über die Verschwendung beim Bau der Bagatelle gemacht
hatte. Des Morgens früh fand ihn der Kanzler neben seiner Schokolade liegen. Dieser
Einfall amüsirte den Hof so, daß die Königin den Vers verewigte. Sie ließ ihn auf
ein

würden nur seinen Wiz bewundern, nicht aber seine Fehler bedauren müssen.

Man mus gestehen, der Comte d' Artois ist unter seinen Brüdern der elegantefte. Er ist's in der That, der mit Neron sprechen kan:

> qualis artifex perco!

Nie hat ein Sterblicher das Vergnügen mehr raffinirt, noch in vollern Zügen genossen, wie Er. Vielleicht gab es Prinzen, die ihn in der Verschwendung übertreffen; zuverläßig aber nicht im Geschmak.

Warum muste ein so treflich angelegter Karakter verdreht werden. Es scheint, daß sich

ein Email bringen, welches sie bei einem von den eleganten Festins, die sich zu Bagatelle gaben, über das Boudoir hängen lies. Dieses Stük ist eine der schönsten und interessantesten Merkwürdigkeiten dieses Feenpallasts, wegen der Idee, die der Mahler (der berühmte B o u c h e r) dabei anbrachte.

ſich die Natur für die Vorzüge des Körpers
und des Geiſts, welche ſie dieſem Prinzen
gab, dardurch wieder ſchadlos halten wollte, daß ſie ſolche mit dem roheſten Herzen
verknüpfte.

Man hat keinen einzigen Zug von Groß-
mut und von Menſchenliebe im Leben des
Comte d' Artois. Die Ausſchweifungen,
worein ihn ſein allzufeuriges Temperament
zog, erſtikten den Seelenadel, welcher Prinzen ſowol kleidet, und welcher öfters fähig
iſt, jene zu entſchuldigen, ſehr früh und ſehr
vollkommen in ihm.

Er lernte die ſüſſeſte und ſanfteſte aller
menſchlichen Glükſeligkeiten — die Liebe —
nur Einmal, und auf eine ſehr kurze Zeit,
kennen. Es war damals, als er ſich in
Mademoiſelle Bpurbon verliebt hatte. — Un-
glükſeliges Standsvorurtheil! Hätte der
Hof die Heirath, wornach dieſes zärtliche
Paar ſchmachtete, erlaubt, ſo wäre wahrſcheinlicherweis die Revolution nie entſtan-
den. Mademoiſelle, die eine zauberiſche
Macht,

Macht, eine Macht die von allen Reizen des Körpers und der Seele unterstüzt war, über den Prinzen gewonnen hatte, schien vom Schiksal bestimmt zu seyn, ihn auf den Weg der Tugend und der Ehre zu bringen.

Dieser Epoke haben wir jene reizende Ausgabe von französischen Schriftstellern zu danken, die eben so rar, als einzig ist *). Ein Beweis, wie weit es die Prinzeßin gebracht hatte, ihren Liebhaber zu einem edlen Gebrauch seiner Zeit, und zu einer würdigen Beschäftigung seines Geists zu leiten.

Mada-

*) Sie wurde in der eigenen Buchdrukerei und im Hotel des Prinzen, unter seinen, und Einiger der auserlesensten Gelehrten, Augen veranstaltet; und besteht nur aus 50 Exemplaren. Unstreitig eines der reizendsten und seltensten Bücher der Erde; denn die Auflage, in Sedez, enthält nicht nur den niedlichsten Druk, sondern es kam auch nie ein Exemplar in den Buchhandel. Wenn der Herr von Sainte Foix eines in seiner Bibliothek hat, wie er sich gegen mich zu London rühmte, so mus es — gestohlen seyn.

Madame la Comtesse d'Artois ist keine
Schönheit. Ihr Wuchs ist noch unter dem
Mittelmäsigen, und ihre etwas ungeheure
Nase entstellt sie. Aber dafür hat sie das
blendendste Weis der Haut und eine sehr er=
habene Stirne.

Ihren Temperamentszug, welcher äußerst
sanft ist, hinzugenommen, scheint sie voll=
kommen gebildet zu seyn, einen Prinzen glük=
lich zu machen.

— Dies will nun aber Philipp nicht:
Nein, er will lieber Cäsar seyn — der Mann
aller Weiber, und das Weib aller Männer.

Dieser Zug ist so grausam, daß er ihm nicht
einmal die Tugend übrig lies, die vom Kenn=
zug eines französischen Edelmanns unzertrenn=
lich ist, die Tapferkeit. Ein Wald von Lor=
beern schien ihm von Gibraltar zuzuwinken.
— Helas! Es war Nichts als Flucht vor
den Satiren des Parterre zu Paris über
Mademoiselle Contat ꝛc. ꝛc. ꝛc.

Wer

Wer das Leben des Comte d' Artois in
ein allegorisches Gemälde bringen wollte,
der müſte die Natur zeichnen, wie ſie ein
Meiſterſtük entwirft, es anſchaut, zur Erde
wirft und — darauf ſpent.

Voltai=

Voltaire und Friederich.

Noch immer sind die Meinungen getheilet,
Was Arouet am Meisten wol gethan:
Gut's? oder Bös's? — ob nun der
große Mann
im Himmel singt, ob er dort unten heulet.

Daß mehr denn Eine große schöne That,
manch gutes Werk nur Ihn zum Vater
hat,
mus Wahrheit ihm, mus ihm Geschichte zeugen.

Doch kan ihm Dies nur wenig Labung reichen
im Höllenpful. Denn, Traun! er hatte schon
auf dieser Welt dafür den Lohn.
Ward ihm nicht schon Vergötterung im
Leben;
Ward FRIEDERICH ihm nicht
zum Freund gegeben!

Meine

Meine Kirms.

Gestern hatten wir Kirms. Ich puzte mich also, um sie zu sehen.

— Pfui! Wer wird zu einer Kirms gehen.

Um Verzeihung, Lisette, wer wird zu Haus bleiben, wenn sich alle Welt lustig macht. Hören Sie, wie's war.

Ein Duzend Nimfen (in kurzen Röckchen und schneeweißen Strümpfen) on der Hand rascher Bauerjungen — Sechs Fiedler, die immer das Blaue vom Himmel herunter geigten, voran — formirten einen Zug nach der Linde. Hier begann sich ein Reigen. Nach diesem Reigen zog man zur Herberge. Nun verwandelte er sich in einen Bal.

Ich divertirte mich unendlich. Für Denjenigen der, von der schönen Welt abgesondert, auf dem Lande lebt, gilt eine Kirms soviel als eine Opera buffa. In der That, war es der Ballet der Faunen und der Mänaden, den man sah.

Der Wohlstand erfoderte, daß ich Theil daran nahm. Ich wählte die Rolle des Bacchus. Ich lies mir eine Bouteille Wein bringen, und errichtete mir aus der Bank, die ich besaß, eine Art von Thron.

Hier ist's, wo ich an Vater Hagedorn dachte:

> Rühmt mir des Kunzen Tochter nicht:
> Nein: sagt nur sie ist reich.
> Im ganzen Dorf ist kein Gesicht
> Der flinken Hanne gleich.
> Das Mensch gefällt auch ungepuzt,
> Ich sag' es ohne Scheu,
> Troz Mancher die in Flittern stuzt,
> Sie sey auch Wer sie sey.

Allein die Weißagung traf zu:

Und

Und ich empfand ich weis nicht Was,
Das ließ mich gar nicht ruhn.

Mein Glük übertraf sich selbst. Einer von
den Jungen präsentirte mir sein Mädchen,
die mich zum Tanz aufzog. Die Möglichkeit sich zu entschuldigen! Helvez und Di-
derot tanzten, wie man weis, einst im Pas
de Six von der Psyche auf dem öfentlichen
Theater: warum sollte, dacht' ich mir, nicht
ein ärmerer Philosoph bei einer Kirms tanzen können. Ich zog also den Handschuh;
und ich machte meine Sache gut genug,
um mir einen Kus zu verdienen.

Ich wünschte, daß ihr's gesehen hättet.

Wenn Ammey izt im Tanze schwob,
Wie muthig stieg ihr Schwung;
Und wenn sie sich in Lüften hob,
Wie schön war jeder Sprung.

Wie glüklich ist der Sterbliche, der Kirmsen
sehen — und tanzen kan! Er entraubt seinem bösen Schiksal einen Tag. Er sieht
Manches, was man aufm Rathhause nicht
sieht. Dort fliegt ein Rökchen in die Höhe;

hier

hier kühlt sich ein frischer Busen ab. Er
geniest das Vergnügen, Nimfen zu kosen
und — mit ihnen Koffee zu trinken.

In der That , mein nusbrauner Engel
war nicht unerkenntlich. Sie sezte sich bei
mich, und theilte meinen Schmaus.

Und dafür fühlt ich auch ein Knie,
Das war so weich als Wachs.

So wie ich sie ihrem Schampion wieder
zugeführt hatte: so warf ich mich auf die
Bank zurük, und überlies mich dem Nach-
sinnen.

Unverjährtes und unzertrennliches Vergnügen des Menschen — so sprach ich zu
mir selbst — Tanz — sei uns willkomm! Du
belebst die Welt. Alles tanzt. Von Osten
bis Westen sieht man die Welt in der Luft
schweben. Du bist's, der das Band der
Grazien ergänzt, denn ohne dich wäre ihr
Kleeblatt unvollkommen. Die Hälfte des
Lebens verlöre ohne dich ihren Werth; und
die Tugend selbst würde eine Stüze vermis-
sen

fen — denn wem iſt Derjenige feind, der
Wein hat, und tanzt! Ja, wer ſein Lieb=
chen am Arm hat, der iſt der ganzen Welt
hold. Ihm iſts gleichgültig, ob der brau=
ſende Orkan vor den Fenſtern ſtürmt, ob ſich
thörichte Völker empören und einander die
Hälſe brechen. Die Welt ſelbſt würde er
ruhig zuſammſtürzen und untergehen ſehen
— wäre es in einem Kehraus.

Nach dieſer Betrachtung bezalte ich mei=
ne Zeche; und gieng, wie es hübſchen Leu=
ten geziemt, wieder zu Haus. Auf meinem
Kamin fand ich einen Plutarch liegen. Ich
nahm ihn mit zu Bette. Von Ungefähr fiel
ich auf die Stelle, wo Plato ſagt, daß So=
krat in ſeinem hohen Alter den Küzzel be=
kommen hätte, zu tanzen.

— Unglüklicher Alter, hätteſt du nie einen
andern Küzzel bekommen, als den zu tanzen:
ſo hätteſt du den Giftbecher vermieden!

So rief ich — und entſchlief.

Nicht

Nicht Metaphysik, und doch
Was Sublimes.

———

Seyn oder Nichtseyn! — Was ist besser? Ists besser, bey einem artigen Abendessen zwischen Nimfen und Schampagner sizen, nach dem Essen zu tanzen, und nach dem Tanz mit Doris zu Bette gehen? Oder ists besser, in ewiger Nacht sizen, weder Tanz noch Langweile kennen, und das Ey hüten, worauf Mutter Rhea brütet.

Ich kenne Niemand unter den Sterbli-chen, der darauf antworten könnte, als Dio-nys, den Schulmeister zu Syrakus. Er war weiland König. Er besaß Alles, was zu einer schönen Existenz gehört: Tafeln, Equip-pagen, Jagden, eine Opera und ein Se-rail. Das Glük stürzte ihn in die Nacht zurük: das ist, es machte ihn zum Schulmei-ster in einer Reichsstadt.

Der

Der Augenblik, worinn wir sind, ist schon nicht mehr da. Dies ist die Devise des menschlichen Lebens. Drei bis vier Millionen Minuten! Kan man sagen, daß es gelebt war? In der That, die Zeit ist so flüchtig, daß sie kaum eine Linie zwischen Leben und Tod zieht. Bevor wir uns aufs Genüßen verstehen, so leben wir nicht; und wenn die Zeit zu genüßen da ist, müssen wir fort. Hui! Unser Aug ist noch eher fähig, irgend einen der Gegenstände, die das rasche Rad der Zeit bei uns vorüber führt, zu heften, als es vielleicht dem Auge eines unsterblichen Wesens möglich seyn würde, uns selbst zu heften. So schnell ist unser Flug.

Was soll man also mit diesem Leben anfangen? Was ist demnach die Bestimmung des Menschen? Wichtige Frage! Sie hat manche Perukke schon verwirrt, und manchen Doktor zum Kannengießer gemacht.

Unserer sind ungefähr tausend Millionen Insekten, welche auf dem Hügelchen, das wir

N 4

wir Erde nennen, täglich herumkriechen. Ein
Drittel davon lebt in der tiefsten Dummheit; das andere Drittel in der äußersten
Gleichgültigkeit. Wie können demnach Diejenigen Recht haben, welche behaubten, unsere Bestimmung wäre, uns zu vervollkom-
men, und auf eine höhere Stufe vorzube-
reiten?

Oder hätten vielmehr Jene Recht, welche sagen, daß wir da wären, um die Natur, die Geschenke des Himmels zu genie-
sen, mit Einem Wort, uns lustig zu machen? Aber die Hälfte von uns schmachtet
ja in Armut und Elend!

Sollen wir glauben, was eine gewiße
Philosophie lehrt, daß der Mensch bestimmt
wäre zu essen, zu trinken, und dann die
Erde zu düngen, um einer bessern Rasse
Platz zu machen?

Sind wir vielleicht nur Marionetten in
der optischen Kammer, welche sich die Götter zum Zeitvertreib geschaffen haben? Ach!
Umsonst

Umſonſt lauren wir, und gukken hinter den Vorhang: noch ehe die Sinfonie geendigt iſt, fällt er nieder, und wir ſizen zu den Füßen Pluton's, der uns vom eiſernen Thron herab, ſeine Nebelkappe über die Augen wirft.

Der

Der Werth der Maximen.

Friederich, der Unerreichte, war seinen Heldenschwung einem Vers schuldig, den er im la Fontaine fand, und der bis an sein Ende seine Bewunderung war *).

— — — seul il passe en puissance
Le monde d'alliés vivant sur notre bien.
Le Lion en a trois, qui lui ne coutent rien,
Son courage, sa force avec sa vigilance.

Laßt euch also nicht überreden, ihr Prinzen-lehrer, daß Maximen Schulfüchserei wären. Man sieht, daß eine zuweilen für den gan-zen Erziehungscurs eines Menschen gelten kan.

Der

---

*) Diese Anecdote findet sich in den handschrift-lichen Mémoires der verklärten Marggräfin Sophie von Bayreuth, und wird sich in jenen eines noch lebenden erlauchten Sterblichen wieder finden.

Der Türk.

Einst war es ein grauses Wort. Es war der Wawau der kleinen, und zuweilen auch der großen, Kinder. Wenn der Wienerhof in Ungarn oder Siebenbürgen beängstigt war, so durfte er nur die Türkenglocke bei Sankt Stephan anschlagen. Sogleich war ganz Europa in Aufruhr: die eine Helfte lief zu den Waffen, die andere zur Kirche.

Ich glaube, daß es lange war, ehe man zu Wien den Vortheil einsah, den man in Händen hatte. Die Minister eines gewissen Jahrhunderts scheinen mir nicht fein genug für einen solchen Wink gewesen zu seyn. Mich däucht, sie glaubten aufrichtig an Kreuzzüge und Antichrist. Nur den Jesuiten, die nachgehends das Staatsruder übernahmen, traue ich dieses Gefühl zu.

Diese Zeiten sind vorbei. Die Türkenglocke läutet heute zu Tag tauben Ohren.
Ge-

Gewis, es war ein lustiger Einfall, daß
der Christism den Deism bekriegen sollte.
Es war die Komödie vom Streit Jupiters
mit den Göttern.

Die Türkenkriege giengen gerade so aus,
wie diese Komödie. Es gab viel Schläge
zu holen und Nichts zu gewinnen. Weil
man hörte, daß der Säbel des Sultans mit
Diamanten besezt war, so lief Alles, was
Beine hatte, um bei der Eroberung der
Schazkammer zu Konstantinopel zugegen zu
seyn. Der Fanatism verstärkte sich durch
den Geiz. Man sollte denken, mit diesem
Alliirten wäre er unüberwindlich. Allein
die Raserei der Türken war noch größer.
Wenn zween Kranke einander begegnen, so
bleibt das Uebel in der Mitte.

Unsonst verändern wir das Manoeuvre.
Wir spielen heut zu Tage die Kazze und den
Affen mit dem Türken. Der Petersburger
Hof wollte sich des Oesterreichischen bedienen, um die Kastanie aus den Kohlen zu holen. Allein dieser verbrennt sich die Klaue:
das

das Gericht ist der Brühe nicht werth! spricht er, und die Sachen bleiben wieder beim Alten.

Wie kommt's, daß man die Pforte nicht sprengen kan. Ist's erlaubt, daß sich Kezzer mit Kezzern paaren, um das Reich des Erbfeinds aufrecht zu erhalten?

Sehet abermal die heillosen Früchte der Aufklärung! Seitdem man in den Kabinetten nicht mehr Robinsone liest, sondern die philosophische Geschichte der Niederlaßung der Europeer in beiden Indien: so glauben die Souveräne aus Gleichgewicht der Staaten, an die Menschheit der Türken, und an die Nothwendigkeit ihrer politischen Existenz.

Flie=

Fliegende Drachen.

Es hat sich noch wol. Die Himmelsbür-
ger sind noch auf geraume Zeit von der Gefahr entfernt, daß einer von unsern Drachen
bei ihnen ankomme, um sie zu erobern und
zum christlichen Glauben zu bekehren.

Wissen Sie, junger Freund, was Ihren
Drachen ewig hindern wird, sich über seine
Sphäre zu erheben? Es ist ein Gesezz der
Natur: die Schwehrkraft nennt sich's. Dieses unerbittliche Gesezz, eben so alt wie die
Natur und so mächtig wie die Götter, ist
eines von jenen, welche das All beherrschen
und den Grund der Harmonie des Weltgebäudes ausmachen.

Ihr Drach, merken Sie, beliebt's Ihnen, so leicht er auch organisirt ist, hat immer eine angebohrne Kraft, sich gegen den
Mittelpunkt der Erde, seiner Heimath, zu
seh-

sehnen; und diese, aus einem eben so na-
türlichen Instinkt gegen die Ihrigen, zieht
ihn an sich, und hindert ihn, in den leeren
Raum hinauszufliegen. Dis nennt sich denn
Schwehrkraft, oder Gravitation, wie Ihr
Präzeptor spricht.

Diese Kraft ist's, welche sich über Ihr
Bestreben, Ihren Drachen an die Wolken
steigen zu lassen, mocquirt. Denn Sie sehen doch ein, daß die Natur ihren Lauf
verändern, daß sie gegen sich selbst streiten,
kurz daß sich eine gänzliche Revolution des
Planeten ereignen müste — Ihrem Drachen
zu Gefallen!

Ja, Karl, wenn es möglich wäre, daß
Ihr Drache gen Himmel fahren könnte: so
würde nicht nur der Faden, woran Sie ihn
führen, sondern Sie Selbst und, wer weis
wie noch viel, Menschen, welche in einem
gewißen Abstand von der anziehenden Masse
sich verhielten, mit auffahren. Wo blieben
also Diejenigen, die das Wunder erzählen
könnten.

Sogar

Sogar die Schreibfedern und Tintenfäſ-
ſer, um die Begebenheit aufzuzeichnen, würden davon fliegen. Das gienge denn noch
über den Drachen!

Allein nie haben wirs über die Wolken-
bahn hinausgebracht. Die zween berühm-
teſten Drachen, welche die Aeroſtatik kennt,
ſind der famoſe Phaeton, und denn jener,
welchen ein hebräiſcher Philoſoph, zur Be-
luſtigung der Seminariſten von Beth-El,
am Jordan ſteigen lies, und den er Helios
(Sonnenbothe) nannte. Keiner von Beiden
aber verlies die Atmoſphäre. Den erſtern
fand man in der See: der zweite verlor die
Flügel, noch ehe er aus dem Geſichtskreiſe
der Zuſchauer war. Das Tafent fiel auf die
Erde zurük: das Gaz verflog.

Jede Bewegung, ich bitte, beobachten
Sie dieſe Regel der Natur, iſt Wirkung
der anziehenden oder der zurükſtoßenden Kraft.
Welche von beiden, wollten Sie nun, ſoll
ihren Ball beſeelen? Die anziehende? Aber
Sie fühlen doch, Karl, wenn dieſe ſo ſtark
wäre,

wäre, um einen Drachen, troz der Schnur
woran er hängt, zu verschlingen: so wären
weder Sie, noch Ich, noch Minchen, noch
irgend ein Körper mehr auf der Erde zugegen. Alles schwöbe in Lüften. Die zurük-
stoßende? Wissen Sie, junger Mann, daß,
um Ihren Drachen auch nur bis auf den
Gipfel des Montblanc zu werfen, ein Stoß
erforderlich wäre, der 27,356,824 mal stärker seyn müste, als jener, welcher Messina
zerstörte. Wie gieng es alsdenn unserm armen Erdball, der aus ein Bisgen Glas,
Schwefel und Kalk zusammgesezt ist!

Lasset uns nicht vergessen, daß die Drachen
ihren Nahmen den Schwanzsternen zu danken haben, welche man zwischen Himmel und
Erde herumschwärmen sah. Lange Zeit führte man sie nur an der Leine: endlich wurden die Menschen so kühn, sich ihnen auf
die Köpfe zu sezen. Nun heißen sie Aero-
staten.

Elisäische Felder.

Zu Dessau hat mich Nichts so sehr interessirt, als der neue Gottesaker.

Was für ein anziehender Ort ist dieses
Dessau! Nirgends findet man den Mittelpunkt des Einfachen und des Erhabenen so
sehr; niemals haben sich Philosophie und
Künste in einem kleinern Raum vereinigt.
Vielleicht giebt es auf der kultivirten Erde
keinen Flek, welcher den Blik des denkenden und empfindsamen Reisenden so sehr verdient; welcher die Einbildungskraft mehr
beschäftigt, und so viel Gegenstände der Bewunderung enthält — von Leopold, dem
Schöpfer, an bis auf sein Grabmal.

Auf den Gottesaker zu kommen. Er ist
im Plan eines Gartens angelegt. Eine Kreuz-
allee von Akazienbäumen theilt den Plaz in
vier große Flächen. Auf solchen erheben sich
sanfte

ſanfte Grabhügel in regelmäſigen Reihen. Jeder Grabhügel wird mit Blumen, beſonders Veilchen und Roſen, beſezt.

Dieſen Garten umfängt eine Art von egyptiſcher Mauer. Sie beſteht aus Gewölbern zu Leichen für berühmte Todten, oder auch zu Familiengruften.

Das Haubtthor iſt in griechiſchem Geſchmak. Ueber dem Eingang ſpringt folgende Innſchrift hervor:

Tod iſt nicht Tod.
Iſt nur Veredlung
ſterblicher Natur.

Zween Aſchentöpfe, in deren Mitte die Hofnung in heroiſcher Größe ſteht, verzieren das Geſims.

Auf der Kehrſeite jener Innſchrift, gegen dem Gräberplaz zu, lieſt man:

Kein drohendes Grabmal,
Kein Tod wird mehr ſeyn
auf
der neuen Erde Gefilden.

O 2

Nicht

Nicht genug. So wie ihr eingetretten seid: so seht ihr zu eurer rechten Hand eine Todtengräberwohnung in ihrem eigenen Styl, zu eurer Linken aber eine offene von einer Säulenreihe unterstüzte Halle, um beim Regenwetter die Leichen niederzusezen und die Gesellschaft zu retten.

Neben dieser Halle findet sich — Was das Meisterstük ist — ein Zimmer, um, nach dem berühmten Vorschlag eines großen deutschen Arzts *), verdächtige Leichname so lang über der Erde aufzubewahren, und von Kennern visitiren lassen zu können, bis man von ihrem Tode überzeugt ist.

Diese

*) Der Nahme dieses Mannes ist zu ehrenvoll, und für Mit- und Nachwelt zu erheblich, um ihn bei irgend einer Gelegenheit zu vergessen. — Herr Leibarzt Hufeland zu Weimar ist's. In bessern Jahrhunderten würde man ihn in Marmor gegraben, und neben jene eines Eskulap oder Orpheus gestellt haben.

Diese äußerst bewunderungswürdige Idee, deren Ausführung nur die höchste Weisheit und Menschliebe einfließen konnte, und welche die Ehrfurcht unseres Jahrhunderts verdient, weil die entsezlichste und unschuldigste aller Todesarten, der Tod im Grabe, dardurch verhindert wird, ergänzt das Werk.

Glüklicher, reizender und merkwürdiger konnte weder das Alter der Griechen, noch jenes der Palladio's und Michel Angelo Etwas aussinnen. Ovid mahlte uns die elisäischen Felder; aber Fürst Leopold erbaute sie — Und mit welchen Zusäzen! Kurz, wer schön ruhen will, der mus zu Dessau sterben.

Beim Rukwege weihte ich dem Tod eine Andacht. Sein Bild steht im Grunde des Gartens in einer Nische. Es ist nicht jenes scheußliche und verhaßte Beingerippe, worunter ihn der falsche Geschmak der Zeit bisher vorstellte; es ist das Todesbild der Alten: ein Jüngling, der seine Fakel umstürzt.

D 3   Hier

Hier ist's, wo ich nachdenkend weilte. —
Aber „so sprach ich zu mir,, sollte der Jüngling seine Fakel nicht vielmehr anzünden!
Ists wirklich so, daß der Tod Uebergang
vom Leben in ewiges Dunkel ist? Oder wäre es nicht möglich, daß dieses Leben nichts
Anders wäre, als ein Traum, aus dem uns
der Tod erwekt?

Standrede.

So habe ich es denn erlebt, was ich diesem armen Menschengeschlecht schon so lang
wünschte — eine Anstalt gegen die frühzei-
tigen Begräbniße!

Gesegnet sei der Tag, der sie eingab:
unsterblich der Ruhm des erlauchten Welt-
weisen, der sie ausführte!

Nun wird also kein Schlagflußler mehr
Ursache haben, seine Erben zu beschwören,
daß sie ihm die Gurgel abschneiden, oder
das Herz aus dem Leibe reißen sollen, um
nicht den scheußlichsten aller Tode, den Tod
im Grabe, zu erfahren. Kein Ohnmächtler
wird aus dem Abgrunde der Erde um Rache zum Himmel über den Mord schreyen,
den er leidet.

Unschäzbare Idee — Idee, die ihres
Gleichen im Alterthum nicht hat; und die

so

so weit die Erde reicht, von der gröſten Stadt an bis zum kleinſten Dörfchen nach, geahmt zu werden verdient!

Wie gefällig müſſen die Götter auf dieſe Anſtalt herabbliken. Ja, Wem man von nun an was Gutes wünſchen will, Dem rufe man zu: Stirb zu Deſſau!

Sehet da die Oekonomie der Vorſicht: ein kleiner Fürſt in einem Winkel von Teutſch, land giebt der Welt das Muſter von einer der gröſten Ideen. Alſo vermag der Genie Mehr als Macht? Alſo beſteht das Glük der Menſchheit nicht in der Würde, ſondern im Talent ihrer Regenten?

Empfindſame Seelen, danket ihm. Nun hat ein zärtlicher Gatte Hofnung, ſein in Kindsnöthen erblaßtes Liebchen zu retten. Verzweiflenden Waiſen bleibt der Troſt, ih, ren erſtarrten Vater vielleicht wieder zu er, weken.

Ja, mit meinen Augen ſah ich's zu Mai, land, wie ein friſcher Körper zufälligerweis auf, aufgegraben wurde, der sich selbst zerfleischt hatte. Ein Stük von seinem Arm stak ihm noch im Munde. Gräßliches Scheusal! Unvertilgbar ist der Eindruk, den es auf mich machte. Zween Tage nachher erstach sich seine Frau, aus Verzweiflung darüber, mit dem Dolch.

— Allein um nochmal auf den jungen *Thanatos* zu kommen. Mich deucht immer, er sei unter dem Bilde seines Bruders, des Morpheus, besser getroffen. Wäre ich sein Maler, so würde ich mir Ovids Skizze wählen:

— — medio thorus est — — — — —
— — — — — — — — —
— — pullo velamine tectus:
Quo cubat ipse deus, membris languore solutis.
— — — — — — — —
— — — — cubitoque levatus.
Metaph. I. 610—622.

Der

Der Anzeiger.

Was wird er uns wohl anzeigen? Wird er uns anzeigen, daß Keiner seiner Vorgänger unsere Erwartungen noch erfüllt hat — daß ein gutes Intelligenzblatt eine der glüklichsten Ideen, ein wahres Bedürfnis des Publikums wäre — eine Anstalt wornach wir längst schmachten? Wird er uns weisen, wie solches beschaffen seyn müsse?

Mit Einem Wort, wird sein Blatt die allgemeine und öfentliche Korrespondenz der bürgerlichen Gesellschaft Teutschlands — oder wird es nur Schwarz auf Weis seyn?

Wird er uns den beweglichen Bildersaal des Vaterlands liefern — oder wird es nur nachgedroschen Stroh werden?

Gedenkt er den Philosophen, den Bürger, den Künstler eben so gut zu unterhalten,

ten, wie den Publizisten — oder solls blos
Futter für den Lesehunger, den Zeitvertreib
und die Käsebuben seyn?

Sehet da ein großes und offenes Feld —
noch völlig baulos, aber von einem unendlich fruchtbaren Boden. Die Tugenden, die
Künste, der Patriotism, die Aussichten, die
politische Moral — Alles gedeiht, Alles gehört darauf.

Aber muß der Mann, der dieses Feld
bestehen will, ins Große zu bauen wissen —
oder darf er nur bei einzelnen Furchen stehen bleiben? Hier ist sein Meisterstük.

Es erfodert, deucht mich, viel Kunst zu
wissen, was in ein allgemeines Intelligenzblatt gehört, aber noch mehr, was nicht
hineingehört.

Le

Le cri de l'humanité.

Können Sie denken, Leſer? Vortreflich. Wohlan: ſo vernehmen Sie, daß Doktor Eduard Hill, ein politiſcher Meßkünſtler zu London, die Anzal der Seelen, welche in England am Fieber der Liebe ſterben, jähr= lich auf 8000 anſezt. Vergleichen Sie nun, ich beſchwöre Sie, die Menſchenſumme von Europa damit: ſo haben Sie 130,000.

Grauſamer und verheerender giebt's kei= ne Seuche. Die Peſt, die Blattern, die Luſtſeuche, das Faulfieber ſind Nichts da= gegen. Die Erſtere erſcheint kaum innerhalb einem Jahrhundert Einmal, und ſchränkt ſich nur in Einem Bezirk ein. Die Blat= tern haben ſeit der Inokulation ihr Gift verloren. Gebt mir Queckſilber und Eſſig: ſo will ich die zwo übrigen vertreiben.

Aber

Aber Wer heilt ein Uebel, das aus der
Natur unserer Sitten, unserer Geseze, und
der Religion selbst, entspringt!

Wollen Sie wissen, was der Doktor zum
Liebesfieber zält? Alle Opfer die der Geiz,
das Vorurtheil des Wohlstands, das System der Ehe, der Klostergelübde, die Fiska-
lität ꝛc. der Menschheit kosten. Wenn, zum
Exempel, ein Jüngling aus Verzweiflung,
weil er die Verbindung, wozu ihn sein Herz
ruft, nicht vollziehen darf, sich ersticht —
oder an der Schwindsucht stirbt; wenn ein
Mädchen, um der unnatürlichen Justiz zu
entrinnen, entweder die Frucht ihrer Liebe
tödet — oder sich selbst; wenn ein Unglüklicher zwischen religiösen Mauren am Feur
der Enthaltsamkeit abzehrt; wenn übelge-
wählte Ehen sich in schleichenden — oder auch
zuweilen gewaltthätigen — Mord verwandlen.

Wir nennen die Liebe eine verächtliche
Leidenschaft: Sehet, wie sie sich für diesen
Irrthum rächt. Den schönsten Theil der
Gesellschaft entzieht sie uns dafür.

„Un-

„Unbarmherzige Krankheit!

In der That, sie liegt sehr tief, weil sie im Eingeweide der Gesellschaft liegt.

„Sollt' es denn wirklich kein Mittel da-gegen geben?

Ich kenne keines als philosophisches Salz.

Die Natur gab uns die Liebe zum Ge-schenk; unsere Kurzsichtigkeit aber hat sie in eine Ruthe verwandelt. Lasset uns wieder zu den einfachen Grundsäzen der Natur zu-rükkehren. Die Gesezze, spricht man, sind im Himmel gemacht. — In der That schwe-ben die meisten über der Fähigkeit der mensch-lichen Natur. — Allein es wäre zu wünschen, daß sie herabstiegen, um ihren Beruf auf der Erde zu erfüllen, nehmlich die Mittler zwischen der Natur und der Gesellschaft zu seyn.

Was hindert uns, zum Beispiel, ein Ge-wissensgericht aufzustellen, um Herzen, wel-

che

che die Simpathie zusammgefügt hat, zu verknüpfen, somit den Abgang des elterlichen Consenses von Obrigkeitswegen zu ergänzen?

Gewis, die Ehe ist ein weises Gesezz, um die Sicherheit der Kinder und das Interesse der gesellschaftlichen Erziehung zu retten. Aber würden wir diesen Zweck weniger erreichen, wenn wir sie aus einem metaphysischen Vertrag in einen bürgerlichen verwandelten?

Ihr nennt die Kinder der Liebe Hurkinder; warum nicht Vaterlandskinder? Fürwahr Freudenmädchen sind keine so verächtliche Geschöpfe, wie ihr denkt. Die Wolluft ist das verzogene Kind der Natur: aber wisset, daß ihr die Gesellschaft Mehr zu danken hat, als der Tugend.

— Aergerliche Grundsäze, Aufklärungsgift! so höre ich die Herren von der Kanzel schreyen. Und sie thun wohl daran. Wenn man jede Nacht ein Weibchen in Arm, oder gar eine Heerde vor sich hat: so ists so bequem, auf die Liebe schimpfen.

Allein

Allein laßt uns billiger seyn, als sie.
Der Kanton, worinn ich krieche, enthält
ungefähr 60 Quadratmeilen. In diesem
Spielraum leben 26 Pfarrfrauen. Schla=
get die Taufbücher nach, so werdet ihr fin=
den, daß jede von diesen Damen jährlich
genau ihre Wochen hält. Gute Hirten gehen
überall voran. Binnen einer Generation
trägt also die Kirche 780 Seelen zur Be=
völkerung, das ist, wo ich mich nicht irre,
$\frac{1}{11}$tel bei, ohne was ihre Knechte und Mäg=
de machen. — Und bei solchen Thatsachen
strauchelt man noch an der Aufhebung des
Zoelibats?

Hier liegt's, das Universell das Staats=
kunst, Müsse, Diät, und ein gérme pro-
lifique, den Gott auf seine Leviten gelegt,
vermöge dessen er ihnen versprochen hat,
daß sie in seinem Namen Wunder thun wür=
den, berufen, wie man sieht, den geistlichen
Stand zum Recht, die Lüke in der Schöpfung
auszufüllen.

Ach! Umsonst erheben Natur und Ver=
nunft ihre Stimme; umsonst nimmt die Phi=
losophie

losophie Zirkel und Maaßstab in die Hand,
um uns zu führen. Die Kanzel behauptet ihr
Recht, auf unglükliche Mädchen zu schimpfen,
und sie mit der Kerze in der Hand, oder
dem Strohkranze auf dem Kopf vor die
Kirchthüren zu stellen; der Fiskus bleibt bei
seinem barbarischen Grundsaze, ihnen das
Hemd auszuziehen, und ihre Kinder mit der
Infamie zu belegen; die Gesezzgebung vermehrt weder die Erziehungshäuser, noch
denkt sie an die Milderung des Ehebands,
und die Einschränkung der väterlichen Gewalt; zu Frankfurt macht man die Misheirathen sogar zu einem Kapitulationspunkt.

Und Alles Dies im Jahrhundert der
Menschlichkeit, der Weltweisheit, der Staatskunst — im Jahrhundert, das sich vorzugs-
weise das elegante nennt!!

Der verstorbene Dauphin.

So oft mir das berühmte und unerreich-
bare

— — Tu Marcellus eris!

des Virgil beifällt: so denke ich an den ver-
storbenen Dauphin.

Einst gab ihm sein Präzeptor eine Lection
aus der französischen Geschichte — Pater
Corbin, rief der gerührte Knabe: unter all'
diesen Königen gefällt mir keiner!

Welcher Knabe! Welche Empfindung!
Welche Hofnung von ihm! Man könnte
den Vers mit allem Recht umwenden, und
zum Marzell sagen:

— — tu Delphinus resurges!

Und doch empfieng er die Geschichte von
einem Geistlichen! — das heißt, mit aller
jener

jener Partheilichkeit, welche das Syſtem der Kirche erfordert.

In der That liefert die Geſchichte des franzöſiſchen Hauſes eine Gallerie von Un= geheurn, nehmlich eine zuſammenhängende Reihe von Räubern, Giftmiſchern, Meu= chelmördern, Henkersknechten *), mit Einem Wort von königlicher Canaille, gegen wel= cher die Gallerien zu Rom und Marokko Tüncherarbeit ſind.

Da

*) Von dem ſchönen Philipp — Frankreichs
   Tiber — an, bis auf
      Ludwig XI, den Gefatter des Henkers,
      Henrich II, den Bankeruttirer.
   Karl IX, den Stifter der Bartholomäusnacht,
   Marie von Medizis, die Männermörderin,
   Ludwig XIII, den Muttermörder,
   en fin bis auf Jene, welchen man den Tod des Dauphin und der Dauphine, Eltern Lud= wigs XVI, und — helas! jenen unſeres Mar= zell ſelbſt — Schuld giebt.

Da liegt der Apfel!

Wir haben einen Koder der Natur, ein
Buch der Natur, ein System der Natur,
eine Philosophie der Natur, eine Auslegung
der Natur: *) Keines von allen hat uns befriedigt; es fehlte uns also noch eine Analyse der Natur.

Giebts

*) Der Verfaßer des Code de la nature ist, wenn
ich mich nicht irre, der Irrländer Mustrel.

Das Livre de la nature ist, wie man weis,
von Robinet — und das Beste unter ihnen.

Von Wem das Systême de la nature her-
rührt, das ist noch unentdekt. Zuverläßig
aber ist's nicht Mirabeau. Er usurpirte
den Ruhm davon nur. Denn, wenn man der
Marquise glauben darf: so erbte er die Hand-
schrift von einem als Gast bei ihm verstorbe-
nen Engländer. (Eine Anecdote, die sich
in den Mémoires der Marquise von Mirabeau,
welche in dem ärgerlichen Eheprozeß mit ihrem

Giebts wirklich Zusammenhang und Zwek
in der Natur? Oder ist die Welt blos ein
verunglüktes Uhrwerk? Sehet da, Was
die Philosophie von Thales, oder vielleicht
von Orpheus, an bis auf Uns beschäftigte.

P 3　　　　Sind

rem Gemal erschienen, finden mus; die ihm
wenigstens der Advokat seiner Frau vor öf-
fentlichem Parlament, in meiner und einer
Million Zeugen Gegenwart, unter allgemeinem
Händeklatschen ins Gesicht sagte; und welche
sich endlich durch den Karakter des Buchs
selbst zu bekräftigen scheint; indem die Dunkelheit, so man demselben vorwirft, mehr am
Buchstaben haftet, als am Geist, folglich ein
Beweis der Uebersezung ist. Sachenkenner
finden vollkommenes Licht im Buch, und Männer, die mit Geist zu lesen wissen, sehen offenbaren Zusammenhang. Nur für Werkel-
tagsleser ists dunkel. Und dieser Kennzug
verräth, daß wir entweder nicht das Original
haben, oder der Herausgeber die Sprache des
Autors nicht genugsam verstund.

Die seichte, und erzseichte Philosophie de la
nature ist von einem Ex-oratorien, De Lisle.

Zur Interpretation de la nature gab sich
einst ein Schüler des Bonnet an.

Sind wir in der That zu Etwas bestimmt?
Oder sind wir Nichts als lebendige Scham-
pignons? Dies ists, was die arme Menschheit von der Themse bis an den Ohio quält
— und mit Recht; denn da wir wenigstens
von unserer gegenwärtigen Bestimmung nichts
Gewißes wissen: so ists erlaubt, auf die
künftige neugierig zu seyn.

Müde eines zweitausendjährigen Streits
hierüber, ist man endlich übereingekommen,
sich in zwo Partheien zu theilen: Spiritua-
listen und Materialisten.

Die Erstere behauptet, das Grundprinzip
der Natur ist ein Geist — Das wäre ungefähr so viel als ein Unding. Nein:
schreyt die zwote: Materie heißts, roher,
blinder Stof.

Man sieht, daß Beide eigentlich das
Nähmliche sagen. Nichts destoweniger be-
kriegte, verfolgte, verkezerte, verbrannte
man sich. Es war der Streit der Maul-
würfe und der Fledermäuse. Und Das
nannte sich System.

Wie:

Wie: wenn nun ein Mann aufträte, der
— auf beide Seiten einen verächtlichen Blik
werfend — in der Mitte hindurch gienge,
und uns eine neue, völlig freye Aussicht
eröfnete; wenn er, mit dem einfachen Leit-
faden der Natur in der Hand, ohne Logo-
machie und ohne Kakophonie, nur durch
lichtvolle, originelle und einbringende Begrife mit uns spräche; wenn dieser außerordentliche Mann zum Exempel so räsonirte.

* * *

Die Elemente, woraus Alles Was existirt, besteht, sind undurchdringlich, aber
unausgedehnt, oder einfach: folglich unzer-
störbar. (Wie sich Undurchdringlichkeit mit
Unausgedehntheit vereinbaren lasse, Das
wird sich zeigen.)

Diese Elemente haben innere, ursprüng-
liche Triebe und Kräfte. Und ihre Kraft ist
das Einzige, wodurch sie ihre Existenz kund
machen, das Einzige, was sich an ihnen bemerken und erkennen läßt — also ihr Wesen.

P 4   Durch)

Durch die Verschiedenheit der ursprünglichen Triebe und Kräfte sind demnach die
Elemente selbst verschieden, und die Verschiedenheit der Resultate jener Triebe und
Kräfte hat ihren Grund in der Verschiedenheit der Elemente.

Diese Resultate sind: alle Körper und
Wesen der Welt.

In den Kräften der Elemente finden Grade Statt. Das Vermögen Etwas gewahr
zu werden, zu empfinden, zu erkennen und
diesem gemäs zu handlen, kommt selbst den
Elementen des Steins zu — obgleich ver-
hältnißweis in geringerem Maaß. Das Vermögen Sich bewußt zu seyn scheint diesen
Elementen zu fehlen. Jenes Sich Etwas
vorzustellen fehlt ihnen gewiß; und somit
auch das Vermögen zu denken. Die Triebe
dieser Art von Element gehen vielmehr auf
Nichts weiter, als auf Verbindung. Haben
sie diese erreicht, so scheinen sie zu ruhen,
und dieser Zustand von Unthätigkeit oder
Sättigung, worinn wir sie gewöhnlich erblicken,

bliken, hat die Menschen so lange schon verleitet, ihre, der Elemente, lebendigen Kräfte zu erkennen, sie für leblos zu halten.

Sämtliche Verbindungen, die aus Elementen von solch niedrigen Kräften bestehen,
machen das Steinreich aus.

Die Elemente von höhern Kräften, bestimmt jene Elemente der untersten Klasse zu
vermögen zu ihren höhern Zweken mitzuwir-
ken, und folglich jene Verbindungen zu er-
zeugen, deren Theile zum gemeinschaftlichen
Zwek — nähmlich zum Zwek des regirenden
Elements — wirken, machen stufenweis die
Pflanzen- und Thierseelen aus.

Das Element aber, welches wir unser
Ich nennen, wohnt im Hirn des Menschen;
ist, wie andere Elemente, undurchdringlich,
unausgedehnt oder einfach, folglich unzer-
stöhrbar und unsterblich. Es unterscheidet
sich von den übrigen durch seine höhern
Triebe und Kräfte. Diese bestehen im Vermögen, gewahrzuwerden, zu empfinden, zu
erkennen, sich bewußtzusenn, sich Etwas vor-

zustel-

zuſtellen, und zu denken. Wobei aber zum
Theil diejenigen Elemente oder Subſtanzen
(Subſtanz kan entweder Ein Element oder
auch die Verbindung mehrerer Elemente
heißen,) die das Ich im Gehirn zunächſt
umgeben, bald mehr bald weniger mitwirken müſſen.

Dieſe Subſtanzen ſind's, welche, in der
Verbindung die wir den Menſchen nennen,
nach dem Element Ich die vornehmſten Elemente zu ſeyn ſcheinen. Ihr Rang richtet
ſich nach ihrer mehr oder mindern Entfer-
nung vom Hirn: z. E. jene, welche an der
Spize der Nerfen ſizen, ſind die erſten: und
ſofort.

Ohngeachtet ſich nun die Rangfolge der
Elemente, woraus der ganze Menſch zu-
ſammgeſezt iſt, ſchwehrlich je ſo völlig genau
beſtimmen laſſen möchte: ſo iſt doch ſoviel
gewiß, daß der Menſch eine Verbindung
lebender Elemente ſey, welche vom Ich —
obgleich unter gewißen Einſchränkungen —
regirt wird, und worinn jedes Element ſeinen angewieſenen Plaz und Verrichtung hat,
oder

oder vielmehr diesen Plaz nach den ursprünglichen Trieben und Kräften eines jeden Elements von selbst bestimmt. Die einzelnen
Elemente im Menschen sind, demnach eben
Das, was der Bürger im Staat ist, indeß das Ich, als Fürst, das Regiment führt.
(Eine Analogie, die größer ist, als Mancher glauben möchte; denn beide Gesellschaften werden sogar größtentheils nach gleichen
Prinzipien regirt, wie sich darthun läßt.)

Wenn das Ich Etwas empfindet: so
nimmt es eine gewiße, der Empfindung kor-
respondirende Bewegung an. Diese Bewegung theilt es den berührenden Gehirn-
substanzen mit. Solche werden also hierdurch in einen ähnlichen Zustand versezt, der
sich vermittelst der Nerfen oft weiter fort-
leitet, und auf diese Weise äußerlich sichtbar wird. Umgekehrt können die das Ich berührenden Substanzen dasselbe wieder in allerlei Bewegungen sezen, und dadurch verschiedene Empfindungen im Ich entstehen machen.

Sind es blos die das Ich berührenden
Substanzen, welche jene Bewegungen erzeu-
gen

gen und vermittelst der Nerfen bis zum Mittelpunkt fortleiten: so heißen wir die in demselben entstehende Empfindung sinnlich. (Gewöhnlich werden die Bewegungen jener Substanzen durch andere, äußerlich auf sie wirkende Kräfte veranlasset.)

In wie fern die übrigen Elemente und
Substanzen jene Bewegungen, die sie annehmen, empfinden und sich ihrer bewußt
sind, Dies läßt sich schlechterdings nicht sagen, weil wir nur von unserm eigenen Bewußtseyn — dem Bewußtseyn des Ich —
nicht aber vom Bewußtseyn eines andern
Dings, urtheilen können.

Indeß ists, durch Analogie, mehr als
wahrscheinlich, daß wirklich ein solches Bewußtseyn — in gradu wenigstens — bei jenen Elementen Statt habe. Ja, es scheint
fast, als ob im Herzen des Menschen ein
anderes regirendes — jedoch dem Ich in tan-
tum untergeordnetes — Element wohne, bei
welchem die Adern die Stelle der Nerfen
vertretten; ein Element, welches die soge-
nannte thierische Oekonomie im Körper ver-
waltet,

waltet, und einen großen Theil derjenigen Handlungen herfürbringt, die wir dem denkenden Ich nicht zuschreiben können.✸

Der Tod ist Auflösung jener Verbindung, wo das Wirken zu gemeinschaftlichem Zwek aufhört, wo kein Regiren und Regirtwerden mehr Statt findet, wo jedes Element für sich, nach seinen Trieben und Kräften, zu handlen anfängt, und diesem gemäß, wieder neue Verbindungen sucht.

Diejenigen Elemente, welche keine ihnen behägliche Verbindung finden können, bilden das allgemeine, den ganzen Weltraum erfüllende, also aus Einfachen bestehende Fluidum.

Dieses Fluidum ist das allgemeine Mittel, wodurch entfernte Elemente auf einander wirken, und dient, unter andern, auch zur Fortleitung des Lichts. (Die Newtonsche Theorie ist also falsch. Man wird ihre Unmöglichkeit beweisen.)

Auch

Auch iſt dieſes allgemeine Fluid höchſt-
wahrſcheinlich die Urſache aller Lüfte und
Dünſte, indem es Stofe, die ſonſt feſte
und waſſerförmige Körper ſeyn würden, in
ſich auflöſt.

Eine Materie der Wärme exiſtirt nicht,
und iſt unmöglich. Sondern die Wirkung,
welche wir Wärme nennen, iſt bloße Action
der lebendigen Elemente mit Wirkungen des
allgemeinen Fluidums verbunden.

Alle Arten von anziehenden Kräften, die
Schwere mit eingeſchloſſen, ſind innere,
urſprüngliche Kräfte der Elemente.

Das Daſeyn eines undurchbringlichen,
unausgedehnten, oder einfachen, alſo unzer-
ſtöhrbaren und ewigen Elements endlich,
welches von den höchſten Kräften, und
alſo im Univerſum Das iſt, was das Ich
im Menſchen, und welches durch das allgemeine Fluid wirkt und erkennt, iſt —
wo nicht geometriſch erweisbar, doch — in
hohem Grad wahrſcheinlich.

* * *

Dies

Dies ist der Lehrbegrif meines illustren Freundes, des

Herrn Ingenierhaubtmann,
Professor Werner zu Gießen.

Wie stolz macht mich mein Schiksal. Voltaire pflegte zu sagen: Ich bin's, der Newtons Philosophie in Frankreich bekannt machte; ich darf ihm nachsprechen: Durch Mich wird die Analyse der Natur angekündigt.

Ob der Herr Verfasser seinem Werk diesen Nahmen geben wird; das weis ich nicht: er ist ein bloßes Spiel meiner Idee. Aber er wähle, welchen er wolle: so müste ich mich sehr irren, wofern es den seinigen nicht verewigen, nicht neben jene eines Newton und Kant erheben sollte.

In der That, was kan Erhabener und Liebenswürdiger seyn, als eine Philosophie, die den Geist und das Herz zugleich befriedigt; die, indem sie die Materie bis zum Geist emporhebt, uns Alles einräumt, was

Ver-

Vernunft und Religion wünschen mögen;
die, ohne von Einem oder dem Andern aus-
zugehen, beide streitenden Theile beruhigt,
indem sie die Scheidewand zwischen ihnen
niederreißt und sie vereinbart. Dieses un-
erwartete, unübertrefliche System ist also
ein eben so großer Sieg für die Wissenschaften wie für die Menschlichkeit.

Von nun an sind die Lukreze, Spinoze, die
Hobbes, nimmer furchtbar. Der Diebstahl
Mirabeau's kan Niemand mehr schaden.

Daß ein System, welches eben so neu
als anziehend ist, Sensation machen, daß
es im Reiche der Klopffechter eine Gährung
erregen muß, Das ist natürlich zu erwarten.
Dieser Lehrbegrif ist allzuleicht, allzugemein-
sinnig, allzufaßlich, um nicht beneidet zu
werden. Aber —

da liegt der Apfel!

Jupi-

Jupiter und die Schafe.

Unter den Heerden Jupiters ist bekanntlich die zu Elis, eine der fürnehmsten. Sie ist's, aus deren Wolle die berühmten Unterrökchen der Frau Juno gesponnen werden.

Einst fuhr der Satan unter sie. Die Schafe bekamen das Drehen, oder den Tollwurm, wie sich's nennt. Alles lief unter und über. Man kündete Jupitern den Schuz auf; man jagte die Hirthen davon; man schwor, sich seine eigene Regirung zu geben — und Das aus dem Rechte der Natur und der Schaffreiheit.

Einige Wölfe, die hinter den Schafställen verborgen lagen, bemerkten diese Wuth. Sie zogen Schafpelze an, und gaben sich für Volksfreunde aus. — Courage! sprachen sie: der Zeitpunkt ist da, sich frei zu machen. Eure Tirannen begnügen sich nicht

nur dabei, daß ihr eure Felle zum Opfer
auf den Olymp bringt, sondern sie wollen
euch — unerhörte Barbarei! aufklären:
das heist, man will uns das Hirn anboh-
ren, und Schrepfköpfe an die Ohren sezen.

Hier ward der Aufruhr allgemein. Zu'n
Waffen! So hallte es durch die ganze
Heerde. Jeder versah sich mit seinem Ha-
bersack, und stekte eine Kokarde und einen
Federbusch auf. Schlau hielten sich die
Wölfe hinter dem Heere, um die armen
Schlachtopfer, die im Felde blieben, zu
pflüken.

Voll Rührung und erhabenen Mitleids
blikte Jupiter auf diese Verwirrung herab.
Er schikte ihnen erstlich den Pan, um den
Schafen auf der Flöte vorzupfeiffen, und
sie zur Ruhe zu bringen. Da es Nichts
half: so befahl er Eskulap'n, seine Kunst
zu versuchen.

Umsonst. Beim Anblik des Gottes der
Aerzte fiel den Schafen der Trepan ein.
                                        Die-

Diese Vorstellung machte sie rasend. Sie stießen die Köpfe zusamm und stürmten dem Bothen des Himmels entgegen.

Izt erzürnte sich Jupiter. Er schüttelte seine Haarloken — Plözzlich war die Schaf- heerde zerstäubt. Die Wölfe fanden das Loch im Sak. — Und du lässest sie so un- gestraft entkommen? fragte der Rath der Götter.

— Aber wird mir ihre Haut den Scha- den erfezen! antwortete Zevs.

Meri-

Nerine'ns Abendgesellschaft.

Gestern spielten wir bei Nerine'n das Wizspiel. Der Abbe Palmerin, den das Loos traf, gab die Frage auf. „Was mögen wohl unsere Ahnen, die Urmenschen, für Figuren gewesen seyn?„ So fiel sie aus.

Klindor, der ihm zunächst sas, behauptete, daß es Währwölfe waren; und er berief sich auf Sonnerart, das heist, auf die Währwölfe, die dieser auf der Insel Sainte Lucie fand. Nein, rief die süße Iris: Feen waren's. Die Frage lief so den Zirkel hindurch. Endlich kam sie vor den Richterstul des Abbts zurük.

„Mich däucht" sagte er „Keines von Ihnen hätte es getroffen. Sie, Klindor, sind wenigstens um ein Jahrtausend zurük. Die Währwölfe sind nur die zwote Verwandlung,

lung, welche das menschliche Geschlecht er=
fuhr; erstlich waren's Kalibane.

Hier lachten wir Alle zusamm.

Er. „Nicht zu voreilig, meine Dames
und Herren, darf ich bitten: Der Kaliban
des Shakespear ist nicht so ganz und gar
ein Geschöpf der Einbildungskraft, wie sei=
ne Kommentatoren meynen: er nahm ihn
aus der Natur.„

„Erinnern Sie sich der Bildung, die er
ihm gab. Oder vielmehr, erinnern sie sich
der vortreflichen Ausführung des Herrn Cho=
dowiecki im Göttingenschen Almanach. Hal=
ten Sie, ist's Ihnen gefällig, mit diesem
Bilde die Zeichnung zusamm, welche man
uns vom Lamantin liefert: so sehen Sie,
daß Shakespear entweder tiefer in die Na=
turgeschichte geschauet hatte, als seine Aus=
leger; oder daß Herr Chodowiecki ihn besser
errieth, als jene.„

„Wollen Sie wissen, was es mit diesem
Lamantin für eine Beschaffenheit hat? Es

ist

ist ein Fisch, oder vielmehr ein Wasserunge-
heur. Hören Sie die Beschreibung von jenem, den ich zu Neapel sah. Er war im
Quarno gefangen. Sein gewöhnliches Kä-
ficht war ein großer Kasten voll Wasser;
doch kam er ohne Schwürigkeit heraus, und
schlief auch auf Strohe, oder auf der Erde.
Er hatte große, schöne, lebhafte Augen, und
einen großen, runden Kopf. Die Arme waren klein. Die Hände hatten fünf Finger
mit drei Gelenken, die durch eine Haut verbunden waren, wie die Fußzehen der Enten
und anderer Schwimmvögel. Der Schwanz
spaltete sich in zween Theile, welche eine
Art von ungestalten Füßen bildeten.„

„Was aber das Merkwürdigste an ihm
war, das ist, daß er Alles verstand, was
ihm sein Herr befahl, und daß er ihm sehr
genau gehorchte *). So wie's ihn Dieser
hieß, erhob er sich aus dem Wasser, ließ
sich antasten, hänthieren, und machte sogar
Purzelbäume. Rief er ihm, so richtete er
sich

*) S. Shakespear's Sturm.

sich in die Höhe, küßte ihm die Stirn oder den Mund. Fühlte er sich endlich müde: so blökte er ein deutliches No (Nein!) und rührte sich nicht weiter.„

„Welche Aehnlichkeit zwischen ihm und Shakespear's Kaliban! Ja, meine Dames und Herren, sie ist so auffallend, daß es scheint, Shakespear habe seinen Kaliban entweder einem Lamantin, den man in England zur Schau führte, abgeborgt, oder er habe ihn in einem alten Naturbeschreiber gefunden.„

„Allein, um auf unsere These zu kommen. Von diesem Ungeheuer, behaupten die neuesten und besten Naturlehrer, gienge die Bildungslinie des Menschen aus, bis sie durch verschiedene Stufungen, aber mittelst einer sichtbaren und ununterbrochenen Leiter, zu uns herauf käme. Robinet, einer der ehrwürdigsten unter ihnen, wagte es, die Karte der Schöpfung zu entwerfen — oder vielmehr nachzusuchen *), und die Uebergänge

Q 4   der

*) Diese Karte ist nicht so lächerlich, wie man glaubt;

der Natur (nähmlich der organischen Materie) von den Fossilien an bis zum Engel,
festzusezen. In dieser Karte nun steht der
Lamantin auf der Brüke vom Thier- und
Menschenreich.„

„Diesen Säzen habe ich Nichts hinzuzusezen, als, daß der Fisch, den ich Ihnen
beschrieb, als er hernach in Provence aus
Gram starb, ausgetroknet, und sein Skelet
im

glaubt; sie hängt besser zusamm, als manches moralische System. Sie geht von den
Bruten (Steinen) aus, und schreitet, in ana-
logischer Progression, durchs Pflanzenreich hindurch bis zum Polypen; von diesem, durch
einen einfachen Uebergang, auf die Insekten,
Amphibien ꝛc. ꝛc. bis zum Lamantin; vom Lamantin auf den Seemenschen (dessen Existenz
nimmer paradox ist,) bis zum Chimpanse, dem
menschähnlichsten unter den Affen. Hiebei
geht er beständig mit der Meßschnur in der
Hand, blikt immer auf seinen Festpunkt, daß
die Materie organisch, beseelt, lebendig, thie-
risch sey — nicht todt; und daß sie Thätigkeit und Elastizität besize.

im Muſäum zu Pavia aufbewahrt wurde, wo Sie, meine Dames und Herren, es ſehen können."

Wir konnten nicht umhin, den Scharfſinn des Abbe Palmerin zu bewundern. Man geſtand ihm durch einſtimmiges Urtheil den Preis zu; nähmlich er durfte, dem Geſezz der Geſellſchaft gemäs, den ganzen Abend über den Kranz tragen, den ihm eine von den Schönen unter einem Kus aufſezte.

Lo-

Lokrin an Arabella.

Dem Himmel sei Dank, daß ich wieder bei meinem Kamin sitze. Man mus gestehen, diese Nation thut Wunder; ich bewundere sie, wie es ihr mit drei bis vier Millionen Aufwand gelang, mich gähnen zu machen *). Sie haben das kompleteste Quodlibet versäumt, Milady, welches in der Natur ist.

Die Teutschen thun wol daran, daß sie ihre Kaiserkrönung ein Nationaldram nennen. In der That, sie hat alle Parthien eines Theaterstüks: Schauspieler, Maschinisten und ein Parterre. Das Erstere sind die Kurfürsten und ihr Gefolge; das Zweite ihre Gesandten und Geschäftmänner; das Dritte

---

*) Es ist ein Franzos, der hier schreibt — und zwar von der Mode-Parthie.

te alle Pinsel und Müssiggänger, die dem Spiel nachlaufen. Vielleicht muß man noch eine Parthie hinzuthun: die Beutelschneider. Hieher rechne ich die Juden, die Wirthe, die Krämer zu Frankfurt, und ihren Anhang die Lakayen.

Ich zweifle nicht daran, daß es Herren giebt, die es Ihnen rühmen werden. Für gewiße Gentlemens mag es wol das Meisterstük des Sublimen im menschlichen Pracht und Geschmak seyn. Aber laßen Sie sich nicht täuschen, Arabella: wer einen Geburtstag zu Sankt James, oder eines von den kleinen Festen zu Trianon gesehen hat, der urtheilt anderst. Dieses Dram verhält sich zum guten Geschmak gerade so wie eine Opera zu einem guten Traurspiel.

Es fängt sich mit einem Triumfzug an. Soll es etwan den Sieg des Verdiensts über die Schikane vorstellen? Aber es ist nicht der Triumf der Cäsar und der Pompejus. Es ist nur ein sehr kleinstädtisches und übelzusammgeseztes Nachbild davon. Welche Ver-

Vergleichung, Milädy, zwischen dem eisernen Heere, so jene Aufzüge begleitete — und den vergoldeten Garden unseres Jahrhunderts! zwischen den gefesselten Nationen, welche dem Wagen Cäsars vorangiengen — und unsern gepuderten Lakayen! zwischen römischen Trophäen — und den Reichsinsignien!

Auf den Einzug folgte die Krönung. Sie mag wol das Suppliz eines römischen Kaisers seyn. Milädy, wenn Sie das Aufziehn der Wachen, die alle Straßen und Zugänge besezen, das Geläute der Gloken, die Geschäftigkeit der Pfaffen, die hölzernen Schafots vor dem Römer betrachten würden: so sollte Ihnen eher einfallen, es beträfe ein Auto da Fe, als ein Freudenfest.

Ueberall Nichts Lachendes, Nichts Heiteres. Das teutsche Phlegma zeigt sich hier in seinem Glanze. Es scheint, daß man das Jubiläum des Nationalkarakters feyre. Da geht Alles in einem kalten, abgezirkelten, traurigen Gang. Da mus Alles, was Sie sehen,

sehen, eine Physionomie von Pedanterei und von Steifigkeit tragen.

Dieses Spektakel sollte die Philosophen überzeugen, wie geringschäzig die Menschheit in den Augen der Großen ist. Der grobe Glanz von Gold, den sie dabei ausbreiten: was will er Mehr ausdrüken, als die Verachtung, die sie fürs Publikum hegen. Da ist weder Delikatesse, noch Grazie, noch irgend ein Merkmal, wodurch man seine Achtung für die feinern Gefühle des Publikums zu erkennen gäbe. Wer die dichtesten Tressen auflegen kan, der ist Meister. Ja, Madam, die heiligste aller Kunstregeln, das Ensemble — jene unerbittliche Regel der Schönheit und des Geschmaks, besonders in Festins, wird nie mehr beleidigt, als bei einer Kaiserkrönung. Oder sollte noch ein schlechterer Effekt möglich seyn, als jenes monströse Gemische von unsern Nippes mit der gothischen und barbarischen Garderobbe des neunten Jahrhunderts?

Was

Was vollends den Ekel ergänzt, das ist
der Kanibalnballet auf dem Römerplazz.
Diese Piece erwekt Erbrechen. Sie ist ein
wahres Urstük aus dem rohesten und ver-
ächtlichsten aller Zeitalter. Da schlägt man
sich die Köpfe ein — um eine Hand voll
Haber. Da mischt der arme Poebel den
elenden Wein, den man ihm austheilt, mit
seinem Blut. Zum Zeichen der Verachtung
für ihn giest man ihm solchen nicht in Ge-
fäße, sondern man schüttet ihn auf die Erde; da mag er ihn aus dem Staube auf-
lecken. Da erwürgen sich um ein rohes
Stük Fleisch noch rohere Menschen. Ein
wildes Conzert von Flüchen und Seufzern
steigt in die Luft, und vermischt sich mit den
Es lebe unser Kaiser!

Dieser, durch die Kronbeamten und die
Wahlgesezze fest angenagelt, mus dem Scheusal von der Altane zusehen. Es ist keines
der leichtesten Opfer, womit er seine Würde bezalen mus. Hier war's, wo ich Leopold, den Menschenfreund, vornehmlich ins
Aug faßte. Mich dünkt, ich sah die Ein-
geweis

gewelbe ſich in ihm umdrehen, ich ſah ſeine
Adern zittern, und Thränen ſich in ſeiner
Seele verbergen.

Muß ſich dieſes Spektakel unter den Au-
gen des Monarchen zutragen? Iſt es den
Ehrenbezeugungen, die er verdient, gemäs?
Läßt ſich's nicht abſtellen?

Gewis, die Nation zeigt, daß ſie ſich
wenig auf den Wohlſtand in den Feſtins
verſteht; und daß ſie noch weniger den Geiſt
der Zeit beobachtet. Was ſollte ſie ſonſt
hindern, dieſen unnüzen Aufwand in eine
ordentliche Spende zu verwandeln. So würde der Zwek der Nationalgrosmuth mehr erreicht. Jene Klaſſe welche ihre Umſtände
von dem Genuß des Schauplazes ausſchließt,
die Hausarmuth, würde ſo für die Entbeh-
rung am öfentlichen Vergnügen entſchädigt,
und in Stand geſezzt; ihre Empfindungen
mit dem allgemeinen Jubel zu vereinigen.
Und eines der unwürdigſten und niedrigſten
Spectakel würde ſich aus Europa verlieren.

Die

Die übrigen öfentlichen Festins, die man sieht, reimen sich vollkommen zum Ganzen; besonders das Theater. Was die National, bühne betrift, die that sehr breit mit einem neuen Stük, das besonders für diese Bege, benheit erfunden war. Es ist, wie man denken kan, ein Stük aus der Nationalge, schichte; denn Sie müssen wissen, Milädy, daß es die Manie der Teutschen ist, ihre Geschichte zu dramatisiren. Sonsten war das Stük völlig im Genie der teutschen Bühne, nähmlich lächerlich, edel, ewig und herzbrechend. Alle ihre Stüke sagen Einer, lei: Meine Herren, Ei so lachen Sie doch! Sie sehen, daß ich mich zu Tod küzzle, um Sie bersten zu machen.

Was mus man sich nicht gefallen lassen, um eine Krone zu verdienen! Fürwahr, man wird nicht umsonst Kaiser. Lassen Sie uns inzwischen gestehen, Milädy, daß die Kaiserkrone vielleicht Niemand schöner an, stand, daß nie ein Prinz vortreflicher auf dem Thron Karls des Großen sas, als Leo, pold II. Es schien mir, ich sähe diesen Mo,

narchen

narchen mitten im Festin eintretten; Leopold wollte aufstehen: aber Karl der Große
winkte ihm: Bleibt sizen, mein Freund,
sprach er, ich wüste keinen würdigern Stell-
vertretter als Euch.

Sie wissen, Milády, daß ich dem Hof
von Wien aus folgte. Ich bin ein Zeuge
von der Martirschaft, die ein reisender Kaiser aushalten mus. Da bietet eine Scene
der andern die Hand. Bei jedem Gränz-
pfahl — und diese sind zahlreich, weil die
teutsche Landkarte, wie Sie wissen, der Jak-
ke des Harlekins gleicht — findet er neue
Redner, neue Glokken und neue Kanonen.
Umsonst bittet er um Gnade; umsonst drükt
sein mattes Aug, seine ermüdeten Ohren
aus, daß er die Ehre gern für empfangen
annähme: Alles, vom Fürsten bis aufs kleinste Reichsstädtchen, behauptet das Recht,
ihn zu ennuyren.

Diese Nation muß sich einbilden, daß
ein Kaiser weder schlafe, noch esse, noch der
Natur sonst ein Gesez schuldig sei. Nur

sehr wenige Fürsten, bei denen wir vorüber
fuhren, trafen den wahren Punkt der Höf,
lichkeit. Milády, wir wissen, daß es Fälle
giebt, wo Stillschweigen Ausdruk ist. Mit
Bewunderung nahm man gewahr, daß ge,
wiße Höfe die Feinheit, die in dieser Ma,
xime liegt, zu zeigen wusten. Und ich müste
mich sehr irren, oder der Kaiser bewies durch
die Zufriedenheit seiner Miene, wie sehr er
den Sinn, warum man die Aufwartung an
einigen Orten unterlies, empfand und ge,
nehmigte. Bei Gott, Milády, der gröste
und feinste Zug der Ehrfurcht, den man,
deucht mich, einem Monarchen von Leo,
polds Art, das heist einem Monarch,Phi,
losophen, zeigen kan, ist — Ehrfurcht für
seine Ruhe.

Von der oesterreichischen Familie sage ich
Ihnen Nichts. Stellen Sie sich Battoni's
Olympiade vor. Es ist Apoll mitten im
Kreise der Grazien und der Huldgötter.

Aber vom teutschen Adel mus ich Ihnen
bemerken, daß man ihn nirgendswo präch,
tiger und liebenswürdiger findet. Von ih,

ren

ren Kurfürsten an bis auf die Gesandten
von Nürnberg und Achen repräsentirte Alles vortreflich. Jene Festins, welche von
den Krönungsfeyrlichkeiten unabhängig sind,
wie z. E. das Hessische Lustlager, die Trier-
sche Wasserfete, die Jagden in Mainz, die
Tafeln und Bälle der Wahlbothschafter ꝛc. ꝛc.
sind, man mus gestehen, Meisterstüke des
Großen, der Eleganz und des Geschmaks.

Allein, Milády, zur Klasse des Adels,
wovon ich Ihnen sage, mus man nicht die
Strohjunker, Fuchsjäger, Seiffensieder und
Kannengießer rechnen, welche aus den be-
nachbarten Reichsstädten und Provinzen her-
beilaufen, um die Tables d'hôte zu garni-
ren und sich Rippenstöße geben zu lassen.
Diese Gattung ist's, welche das Fest unüber-
treflich findet. Wenn sie zu Hause kommen,
so erzälen sie im Zirkel ihrer Gefatterinin
die Wunder, die sie zu Frankfurt sahen; und
kennte man sie nicht: so müste man sie wirklich dafür nehmen, als hätten sie die schöne
Welt gesehen.

R 2   An-

Anspach und Bayreuth.

———

Sollt's wahr seyn, was man von meinem durchlauchten Nachbar, dem Marggrafen von Anspach spricht? Wie: die Regirung wollte er niederlegen? Straßenmährchen! Kannengießerneuigkeit!

„Aber es sind ja fremde Tapezirer da, das Land einzurichten."

Desto weniger. Wenn man seine Wohnung ausbeßern läßt, so scheint es gerade, daß man Lust habe zu bleiben.

In der That, Anspach verdient auch, von einem der treflichsten und aufgeklärtesten Fürsten geliebt zu seyn. Ein edles, reiches Land, von einer lachenden und blühenden Sonne erleuchtet.

In Sachsen, sagt ihr, wüchsen die Schönen auf den Bäumen? Ihr irrt euch: wenn

sich

sich die Linie der weiblichen Grazie an einen gewißen Erdstrich hielte, so würde es vermuthlich jener vom Inn an bis an den Ausfluß des Mains seyn, nähmlich ungefähr der Flek, welcher zwischen Salzburg, Prag, Mainz und Schafhausen läge.

Aber wieder auf Anspach zu kommen: es liegt beinahe im Mittelpunkte dieser Linie. Wäre ich nun Regent, so würde es ein Beweggrund mehr seyn, mich von der Entsagung abzuhalten. Kan man mehr Monarch seyn, als wenn man König im Lande der Schönheiten ist.

Diese Betrachtung ist's, die mich überzeugt, daß man scherzen will. Es giebt eine gewiße Konnexion zwischen Schönen und Kronen. Sie ist die, daß man so viel Reue über die eine empfindet, wie über die andere. Umsonst sucht man sich Illusion zu machen; umsonst glaubt man an die Vergessenheit; das Schiksal rächt sich, und es kommen Augenblike, wo man sich nicht enthalten kan, auszurufen: Ach, Marchen, wo bist du!

Mein

Mein Urtheil davon.

In die Moral eine geometrische Gewisheit einzuführen: Dies wär's, was man in Vorschlag bringt? Ich habe Nichts dagegen, daß ihre wenigen Wahrheiten des strengsten Erweises fähig sind. Lägen sie sonst in der Natur? Wären's ewige Wahrheiten? Aber ihrer sind wenig, wiederhole ich. Denn man sondere Alles ab, was die Theologie und die Juristerei hinzugethan — und Dies müste bei einem moralisch-chymischen Prozeß geschehen — was bleibt noch? Etwas — unstreitig. Aber wie wenig!

Bisher theilte man ihre Vorschriften in drei Rubriken ein: Pflichten gegen Gott, Pflichten gegen den Nächsten, Pflichten gegen sich Selbst. Die erste Numer würde der Verfaßer des Systême de la nature ohne Weiterm ausstreichen. Sollten Götter Etwas bedürfen? Wie: dem Allbesizer sollte

sollte Etwas abgehen? Bettler wagen es, den Reichen Almosen zu geben? Welche Begrife! Oder würde der Lauf der Welt seinen ewigen Gang weniger gehen, wenn wir ihm entweder unser Lob entziehen, oder unsere Sottisen — welche selbst ein Stük des Naturlaufs sind — abbitten. Sie ist's, die Gottheit, welche mit gleicher Hand Glük und Unglük austheilt. Wären wir ihr für das Erstere Dank schuldig: so müsten wir sie fürs Zweite angrinzen.

Was die zwei übrigen Numern betrift: so glaube ich an den Lehrspruch unseres Meisters *): „Die Natur konnte nicht anderst als durch die Schimäre des Guten und durch die Wirklichkeit des Bösen wirken. Sie hatte keinen andern Grund zu ihrem System, als daß sie Dasjenige durch Laster zu erreichen suchte, was sie durch Tugenden verfehlt hatte. Daher ist die Selbstliebe — dieses den Göttern entwendete Laster — das

R 4   höch-

*) Dictionaire philosophique. Art. MORALE.

höchste, und vielleicht das einzige, Gut in
der Gesellschaft."

Wie wahr: wie gründlich! Jeder unter uns arbeitet an seinem einzelnen Wohl;
aber das System der Natur bringt's mit
sich, daß er es nicht thun kan, ohne zugleich das allgemeine Wohl zu befördern.

Sehet da den Punkt der Geometrie in
der Moral der Natur!

Ein

Ein Schulargument.

Wäre ich Präzeptor an einer Knaben⸗
schul, und hätte ich eine Erklärung über das
europäische Staatenverhältnis zu geben, so
würde ich mich auf eine sehr kurze und ein⸗
fache Art herausziehen.

Meine Söhne, würde ich sprechen, sie
haben die physische Erdbeschreibung gehört;
man hat ihnen Begrife von der Astronomie ge⸗
geben; nunmehr ists an Dem, daß man ihnen
Etwas von der politischen Erdbeschreibung,
der sogenannten Staatenkunde, sagen mus.

Ihnen die Statistiken unserer unerschöpf⸗
lichen Sammler erklären wollen, hieße, ver⸗
langen, daß sie das Meer austrinken soll⸗
ten. Ich verschone ihre zarten Organe mit
diesem starken Zug. Lassen sie uns immer
sehen, ob sich der Gegenstand nicht in ein
Bild fassen läst.

R 5   Sie

Sie haben eine Vorstellung vom Plane-
tensystem: das Staatensystem von Europa
ist ungefähr das nähmliche. Wir wissen,
daß sich Alles in der Natur nach einerlei
Grundsaz dreht. Die Sitten richten sich
nach dem Lauf der Sphäre; und die mora-
llsche Welt ist fast ebendenselben Gesezzen unterworfen, wie die physische.

Machen sie nun die Anwendung vom astronomischen aufs politische System. Stellen
sie sich die Politik unter dem Bilde eines
Fixsterns, z. E. der Sonne, vor. So wie
diese steht die Politik fest, sie belebt Alles,
sie durchdringt Alles, sie erleuchtet Alles,
und — was das Gleichniß ergänzt — sie
dreht sich immer nach fünf- und zwanzig
Jahren um ihre Axe.

Mitten in der gesellschaftlichen Sphäre
steht also die Politik. Zunächst bei ihr
Preußen — auf der Stelle Merkur's. Die
Scheibe, das Fußgestelle — denn wir sind,
wie sie wissen, noch nicht sicher, ob sich der
Merkur um seine Axe dreht — und die
Ober-

Oberfläche jenes Staats stehen in sehr genauer Proportion mit diesem Planeten, dem kleinsten aber dem nächsten am Lichtpunkt.

Für die Venus nehmen sie Frankreich. Dieses glänzende Gestirn, welches die Eigenschaft hat, daß es ein abwechslendes Feuer ernährt, oder, um astronomisch zu reden, ab- und zunimmt ohne jemals auszulöschen, paßt vollkommen auf Frankreich.

Die Erde räumen wir den Engländern ein — Sie ist kalt und träge wie ein Parlament — den Mond den Holländern. Mit diesem seinem geschwornen Trabanten schwebt, so wie die Erde in der Natur Brittanien am politischen Himmel, ohne Aufhören zwischen der Venus und dem

Mars — oder Spanien.

Jupiter'n lassen wir das Haus Oesterreich seyn. Die Würde, die Wichtigkeit dieses Staats berechtigt ihn zum Karakter, und seine Verfaßung steht in vollkommenem Verhältnis

hältniß mit dem Schwung und der Größe
dieses Sterns. Er hat, wie sie wissen, 4
Trabanten. Es sind die vier natürlichen
Allirte von Oesterreich: das teutsche Reich,
Italien, die Schweiz und Sardinien.

In den Saturn verlegen wir Rusland.
Er ist gros und frostig genug dazu. Der
Horizont dieses Reichs, welches vielleicht
vom Brennpunkt der wahren Politik gerade
so weit abliegt, als Saturn von der Sonne, ist eben so ungeheur, so dunkel und so
traurig, wie uns jener Planet beschrieben
wird. Für seine 5 Monde lassen sie uns
kühnlich annehmen: Dänemark, Schweden,
Pohlen, Kurland und die Türkei. Solche
Höfe, sie mögen sich weigern oder nicht,
sind wol Nichts als Sternaugen im Schwei-
fe dieses politischen Planeten, die er vielleicht
auf seiner Drehbahn ewig nach sich reißen
wird.

Uranus — Amerika.

Hier hätten wir den politischen Himmels-
lauf bei einer oder zwo Linien. Dieses Bild
hat

hat außerdem noch das Verdienst einer andern Aehnlichkeit: so wie hier ein Stern verlöscht, dort ein neuer aufgeht: so sieht man Staaten untergehn und andere entstehen.

Allein giebt es nicht noch eine Art von Erscheinungen an der astronomischen Sphäre, die zu wichtig ist, um übergangen zu werden: jene Feuerbälle, Kometen genannt; wohin muß man sie bringen? — Bei Gott! meine Söhne: ich weis es nicht. Nennen wir sie allenfalls die Alexander, die Timur, die Tippoo's in der Sternenwelt.

Auch)

Auch dem Teufel mus man nicht zu Viel thun.

In dem sehr seichten Pamphlet: le cri du citoyen contre les juifs de Mez, welches ein Unbekannter, unter der Maske eines Offizirs, herausgab, und das mit Recht vom dasigen Parlament verbothen wurde, bezieht sich der Verfaßer unter andern, auf den abgedroschenen Spruch:

„Du sollt an deinem Bruder nicht wuchern, weder mit Geld noch mit Speise, noch mit Allem, womit sich wuchern läßt. An dem Fremden magst du wuchern, aber nicht an deinem Bruder.„
V. Moseh, 23 — 19 und 20.

Vorläufig: wozu dergleichen Pamphlets? Sie nennen sich Philosoph, mein Anonym: ein Philosoph aber mißbraucht die Situation eines unglüklichen Volks nicht: sie rührt ihn vielmehr. Sie nennen sich Soldat: ist

Dies

Dies der Gegenstand, der ihre Tapferkeit
auffordert? Sind Verfolgung und Intole-
ranz die Waffen, worinn sie Ehre suchen
und ihren Muth zeigen wollen?

Hüten Sie sich, daß ihnen ihre Leidenschaft keine Illusion macht, daß persönliche
Rache sich ihnen nicht für Wahrheitseifer
und für Gründe darstellen. Wenn es da
oder dort Juden giebt, welche, verführt
durch die Noth, die uns allen eiserne Gesezze aufdringt, indem sie sich jedes bürgerlichen Mittels beraubt sehen, ihre elende
Existenz zu sichern, sich auf Prellerei legen,
muß es ein Philosoph auf die Rechnung der
ganzen Nation; und noch mehr, was Ihr
größter Irrthum ist, auf den Geist ihrer
Gesezze, legen?

Giebt es unter den Christen — unter unsern Kleinhändlern, unsern Wirthen, Liefe-
ranten, Pfandleihern 2c. 2c. weniger Betrü-
ger? Hat der Wucher, zum Erstaunen der
Welt, nicht seine öfentlichen Vertheidiger
gefunden, die ihn vor dem Thron vertra-
ten,

ten, zum Grundsaz der Politik und der Gerechtigkeit machten *)? Bescheiden Sie sich
also, mein Freund. Merken Sie, darf ich
bitten, daß wenn man aufrichtig gesonnen
ist, die Rechte der Wahrheit und der Menschheit zu reklamiren: so mus man das Laster
in seinem Nest aufsuchen, und nicht auf den
Zweigen. Wucher ist der Hurensohn der
Verschwendung. Sagen Sie uns erstlich
die Mittel, unsere Lebensart zu bessern, und
dann predigen Sie gegen den Wucher so arg
Sie können.

Und nun zur Sache. Man mus sich
wundern, mit welcher Artigkeit und Schonung Sie Ihr Gegner **) behandelt. Er
konnte Ihnen ganz andere Wahrheiten sagen, wenn er sich auf ihren eigenen Klepper,
den Herrn von Voltaire, hätte sezen wollen. Allein man kan gute Gründe mit nicht
mehr Bescheidenheit und Eleganz vortragen,
als Er.

Er

*) Herr von Sonnenfels.
**) Herr Isajah Ber Bing zu Mez.

Er begnügt sich, Ihnen gegen obigen Einwurf das öftere *) Gesezz entgegen zu halten, durch welches den Juden Liebe und Duldung gegen die Fremden eingeschärft wird, und Sie auf den Widerspruch zu führen, worinn dasselbe mit dem unmenschlichen Grundsaz, sie zu schinden, stehen würde.

Mich däucht, ich hätte Sie kürzer gefaßt. Ich hätte Sie platterdings auf den Geist der mosaischen Gesezzgebung hingewiesen, welcher überhaubt der war, die Nation von Fremden zu entfernen. Der Geist des gegenwärtigen Gesezzes, hätte ich dann gefolgert, zielt offenbar dahin, durch die Zinnse, womit man den Fremden droht, sie abzuschröcken, mit dem Volk Gottes Gemeinschaft zu machen.

Denn nur Zinns verlangt das Gesezz: merken Sie sich's, nicht Wucher. Hören Sie,

---

*) II. Moseh, 22—21. item 23—9. III. 19—33. V. 10—18 20. 20.

I. Bändchen. S

Sie, wie es Ihr unvergleichlicher Gegner erklärt.

„Ja, das Gesez berechtigt die Juden Zinnse von den Fremden zu nehmen. Aber es berechtigt sie nicht zum Wucher. Die hebräische Sprache hat zwei Wörter, deren Begrif sehr verschieden ist. Das eine (Tarbith) drükt Wucher aus, das andere (Nechech) Zinns. Man findet nirgends, daß sich der Gesezgeber des erstern bedient: überall vielmehr herrscht nur das zweite."

Hieraus sehen wir vorerst, daß das jüdische Gesez noch billiger ist, als das unsrige, welches diese Begrife noch nicht einmal unterschieden hat; und dann, daß die Barbarei der Uebersezer uns hier so gut wie an andern Stellen, in Irrthum geführt hat.

Dem Sinn des Stifters nach sollte das israelitische Staatssystem eine Familie vorstellen. Zu einem solchen Bande waren nun die Tugenden der Dienstfertigkeit, der Brüderliebe, der Uneigennüzigkeit die natürlichsten Knoten.

Nicht

Nicht genug, da ein zweites Staats-
prinzip dieser Gesellschaft in der Gleichheit
bestund, wie wir aus der Einsezung des
Jubeljahrs sehen: so muste dem Geist des
Gesezzgebers aller mögliche Lüx, und somit
der Handel mit Fremden, zuwider seyn.

„Von dieser Wahrheit„ sagt Ihr Gegner „machten wir eine sehr traurige Erfahrung. Unter der Regirung unseres Salomo trieben wir einen schimmernden Handel.
Seine Schiffe verführten unsere Bedürfniße
gegen Schmukwaaren ins Ausland. Thyri-
sche und egyptische Künstler erschöpften sich
zu Hierosalem in ihren eitlen und verführe-
rischen Erfindungen. Unsere Reichen, und
unsere Damen, bißen in die Angel. Sehr
bald verschwand die israelitische Einfalt, die
bisher ein Nationalzug bei uns war, und
machte dem persischen Lüx Plaz. Alle Wol-
lüste und alle Künste des Serails eröfneten
sich. Hierosalem strozzte von Sklaven, von
Freudenmädchen, von Köchen, von Puzmache-
rinin und von Nippes. Die Töchtern Zions
fiengen an, die Tugend für Schimäre zu

hal-

halten, und ihre Tage nur nach dem Genuß
der Wollust und der Zahl ihrer Liebhaber zu
zählen.' Da nunmehr das Geld Alles machte: so erlaubte man sich Alles, um es zu
bekommen. Ehren, Würden, Freundschaft,
bis auf die Tugend der Weiber, war feil.
Der Mann verhandelte seine Rechtschaffen-
heit, die Frau ihre Reize. Das abscheu-
lichste Sittenverderbnis riß ein. Der Priester brachte es bis zum Altar, der Richter
bis ins Heiligthum der Gerechtigkeit. Die
Wittwe und das Wais wurden beraubt.
Der galgenreife Schuft trozzte der Obrigkeit. Izt verbarg sich die schwache Stimme
der Religion. Der Epikurism siegte. Die
Offenbarung war Nichts mehr als eine Fa-
bel; das Gesezz Nichts als ein Möbel für
Rokkenstuben. Nachdem so der ehrwürdig-
ste und wichtigste Zaun eingerissen war: so
hinderte die Ueberschwemmung Nichts mehr;
und mein unglükliches Vaterland wurde ein
Raub der göttlichen Rache und alles Elends,
welches diese nach sich zieht.„

Schö-

Schöner, man muß gestehen, läßt sich das Argument, so man Ihnen entgegenstellt, nimmer ausmahlen. Lernen Sie Ihren Meister respectiren.

Aller Vorurtheile, und selbst des siegenden Wizes eines Voltaire rc. rc. ungeachtet kan man sich nicht enthalten, wenn man aufrichtig seyn will, anzuerkennen, daß das Sittengesez der Juden auf anhaltende Thätigkeit und Uebung in der bürgerlichen Tugend gegründet ist.

Diese Beobachtung ist so wahr, daß der Talmud eine der rareſten Anecdoten darüber anführt. Einst lies sich ein Fremder bei dem Rabbi Semai melden, welcher lange vor der Zerstörung des ältern Tempels lebte. „Rabbi,, sagte er „ich wünsche, daß du mir das Gesez Moseh's erklären möchteſt, so lang ich auf meinem linken Fus stehen kan.,, Den ernſthaften Semai verdros dieser Antrag, er jagte den Schäfer davon. Dieser suchte Hilell, einen andern Philosophen, auf. Er machte ihm den nähmlichen

An-

Antrag. „Mit Vergnügen„ sagte Hilell lächelnd: „Liebe Gott und deinen Nächsten! Hier ist das Gesezz; das Uebrige, mein Sohn, ist Nichts als Erklärung.

Kerim

Kerim Schach und sein Testament.

Als Kerim Schach auf dem Todtenbette lag, so verlangte er einen seiner Sekretäre, und diktirte sein Testament.

Schreib, sagte der sterbende Fürst, daß ich meinem Sohne Gottesfurcht, Barmher-zigkeit und Grosmut empfehle. Ich will, daß er mit seinen Nachbarn friedlich lebe, das Blut seiner Unterthanen schone, und hauptsächlich, daß er gerecht und menschen-liebend sey.

Kerim Schach war ein Windbeutel: er vermachte seinem Sohn, was er selbst nicht besas. Diesen Kniff, die Tugenden die ihm fehlen, in sein Testament zu bringen, hatte er einigen europäischen Höfen abgesehen.

Nicht genug. Schreib ferner, sagte er, daß er von dem Geld, so er in meiner Kasse

finden

finden wird, ein Hospital errichten soll.
Auch vermache ich den Hausarmen zu Schi-
ras 100,000 Rupien. Item jedem meiner
Sklaven ein Pferd und einen Mantel.

Als Kerim Schach zu Grabe getragen
wurde: so fiel das Volk auf die Knie. Alle
Kanzeln wiederhallten vom Lob seiner Tugenden und seiner Seelengröße. Die Zei-
tungen von Schiras erschöpften sich, sein
Testament auszuposaunen.

Thörichte, blinde Welt: wie leicht ist es,
dich zu betrügen! Kerim Schach verschenk-
te ein Geld, das ihm nun zu nichts mehr
nützte. Millionen, von Rost überzogen, lagen seit Jahrhunderten in seinem Kasten.
Wollte er gutthätig seyn, so hatte er längst
Zeit, es zu zeigen. Er besaß 6000 Reit-
pferde, wovon er kaum ein Dutzend brauchte, weil ihn das Alter seit mehr als zehn
Jahren hinderte, zu Pferde zu steigen. In
seiner Kleiderkammer fand man über 12000
Mäntel von dem Raube aus seinen Kriegs-
zügen.

zügen. Was hielt ihn ab, seine Sklaven
eher glüklich zu machen.

Allein Kerim Schach war ein Wütherich,
ein Blutegel, ein Geizhals, ein Menschen-
feind; und sein Testament belehrt uns um
nichts Mehr, als jene der europäischen
Schachs.

So

So prellt man Mandarine.

Eine Anecdote aus der Staatsgeschichte des achtzehnten Jahrhunderts.

Cochin-China ist, wie man weis, ein Wahlreich. Es ist nur ein Reichslehn der Kaisere von China. Wenn der Thron erledigt wird: so versammlen sich die Mandarine in ein Kapitel, und wählen den neuen Regenten durch die Mehrheit der Stimmen. Ordentlicherweis ists einer aus ihrem Mittel. Als der erlauchte Ta-Qua-Si vor einigen Jahren starb: so hatte der Mandarin Pan-Si die wahrscheinlichste Hofnung. Beinahe alle Stimmen waren ihm versichert.

Inzwischen wünschte der Hof zu Pecking einen seiner Prinzen anzubringen. Die Sache war nicht völlig leicht. Sie erfoderte eine der feinsten Intriken. Und diese ereignete sich. Die Jahrbücher der europäischen Höfe

fe werden schwehrlich einen merkwürdigern
Staatsstreich liefern.

Sobald man zu Pecking erfuhr, daß Alles zur Wahl reif war, so sagte der Kaiser,
seinem Vertrauten, dem Cai-Fong, Etwas
ins Ohr. Dieser lies seinen Palankin rüsten,
und gab eine Reise ins Bad zu Tajuen vor.
Dies ist der Lustort der Großen von Schina. Man kan nicht zur guten Welt gehören, wenn man nicht Tajuen besucht. Eine
solche Reise war also ohne allen Argwohn.

Der Weg geht über Cochin-China. Hier
stieg nun Cai-Fong ab, um seine Bekannte
zu grüssen, und die Regeln des Wohlstands,
welche, wie wir wissen, in Schina heilig
sind, zu erfüllen. Alles Dies lag so sehr in
der Natur, es war so ungezwungen, daß man
unmöglich was Anders vermuthen konnte.

Seine erste Visite war bei Pan-Tse.
„Mandarin, sagte er, ich würde es bei mir
nicht verantworten zu können glauben, wenn
ich die Gelegenheit verabsäumte, die mir
meine

meine Reiſe nach Tajuen giebt, Euer Exzellenz aufzuwarten, und mich Ihrer Gnade
zu empfehlen. Außerdem reicht mir das
öfentliche Gerüchte noch einen Grund: ſo
wie ich hier ankomme: ſo iſt die erſte Neuig-
keit, die ich erfahre, daß das Kapitel Ewer
Exzellenz zu ihrem künftigen Oberhaupt aus-
erſehen. Entzükt über dieſe Idee ſey es mir
erlaubt, Einer der Erſten zu ſeyn, der Euer
Exzellenz ſeine Huldigung darlegt. Wie
ſchön und wie edel iſt der Entſchluß des
Kapitels, den Würdigſten zu wählen!" Hier
bat der ſchlaue Höfling um die Ehre, Seiner Exzellenz die Hand zu küſſen.

Pan-Ti ward von einer ſolchen Höflichkeit bezaubert; die aufrichtige Miene und
das gute Herz des Schineſen durchdrang ihn.
Er umarmte den Mann; er verſicherte ihn
ſeiner wärmſten Freundſchaft, und trug ihm
ſein Haus an; indem er ihn beſchwor, ſeinen
Aufenthalt in Cochin-China zu verlängern.

Dies Leztere war's, worauf der Frei-
ſchüz zielte. — Blos, ſagte er, um das Vergnügen

gnügen zu haben, ein Zeuge Ihres Triumfs
zu seyn. Ganz Asien wird zu dieser Wahl
frohlocken; und wie glüklich würde ich mich
schäzen, wenn meine Wenigkeit, meine Gegenwart Etwas mitwirken könnte!

In diesem angenehmen Schlaf lies er
den Mandarin einige Tage ruhen. Izt machte er den zweiten Besuch. — „Vom allgemeinen Jubel hingerissen,“ sagte er, „und
selbst aus Furcht, ich möchte mein Stillschweigen bei meinem Hofe nicht verantworten können, konnt' ich mich nicht enthalten,
dem Kaiser durch eine Estaffette die Neuig-
keit mitzutheilen. Da ich weis, wie sehr
Seine Majestät Sie schäzen, und was Sie
für Ewr. Exzellenz für eine persönliche Af-
fektion hegen, so durft ich mir schmeichlen,
mit meinem Bericht höchstangenehm zu werden. Dies hat nun auch zugetroffen. Seine Majestät sind äußerst gerührt über den
Entschlus des Kapitels zu Cochin-China:
ja der Kaiser dringt durchaus darauf, daß
Ewr. Exzellenz ihm das Vergnügen machen
möchten, den Antheil, welchen er an Ihrem
Glük

Glük nehme, Ihnen persönlich bezeugen zu
können. Und ich habe den Auftrag, Ewr.
Exzellenz zu beschwören, eine Lustreise nach
Pecking zu machen, um Sich von dem Beifall der Schinesischen Nation und von den
Gunstbezeugungen des Monarchen lebhaft zu
überzeugen.

Diese Tour übermannte vollends den Mandarin. Er machte dem Chai-Fong tausend
Verbeugungen, und bat ihn, den Kaiser zu
versichern, daß er sich sogleich wie die Krönungsfeyrlichkeiten vorbei wären, Ihro Majestät zu Füssen legen würde.

— So würde also der Kaiser, mein allerdurchlauchtigster Herr, nur den zweiten
Rang haben, Ewr. Exzellenz zu glükwün-
schen? Wie sehr fürchte ich, daß dieser Fall
die Regungen Seiner Majestät niederschla-
gen müste. Er hoft mit Recht, den Vorzug
zu verdienen unter Denjenigen, die sich über
die beglükte Bestallung des Cochin-Chinesi-
schen Throns ausdrüken.

Nun

Nun war kein Ausweg mehr übrig: der schlichte Mandarin ließ sich berüken. Er gieng in die ihm gelegte Falle: er nahm die Post nach Pecking.

So wie er zwölf Meilen weit außer dem Gesicht war: so zog Cai-Fong seine zwote Schlinge hervor. Er besuchte die Kapitularen, Einen nach dem Andern. Diesen wuste er sehr schlau beizubringen: ihre Absichten auf den Mandarin Pan-Ti wären allerdings vortreflich; aber doch wäre es sonderbar, und vielleicht für das Kapitel ein wenig ehrenrührig, daß Pan-Ti seinen Sieg vor der Hand so mächtig ausbreite, daß er sogar nach Pecking gehe, um die Glükwünsche des kaiserlichen Hofs zu überärndten. Just so, als könnt' es ihm nimmer fehlen! — als wären ihm seine Kollegen ihre Stimmen zum Tribut schuldig! — als gäbe es ganz und gar Keinen als ihn! — Ich will nicht sagen, sezte er ganz unbefangen hinzu, daß es beleidigendem Stolz ähnlich ist; aber es entdekt einen gewißen Despotism, welcher der Ruhe des Kapitels nichts Gutes ominirt.

Man

Man sagt, die Kapitularen wären nicht
überall schlaue Köpfe. Dieser Floh kroch
ihnen zu Ohren. Wahr ist's, riefen sie: so
käme es heraus, als wäre Er Herr von der
Wahl, und unser Einer wäre der Niemand.
Nein, beim heiligen Cong-Fu! Das müssen wir nicht leiden. — — Aber was ist zu
thun? Rathen Sie uns ein wenig Cai-Fong.

Hui! erwidert der listige Missionar:
Nichts scheint simpler zu seyn: wagen Sie
es zum Exempel, dem stolzen Mandarin einen Nebenbuhler zu zeigen. Thun Sie dergleichen. Stellen Sie, wäre es auch blos
zum Schein, einen Kompetenten auf. Dies
wird ihn geschmeidiger machen. Es wird
die Ehre des Kapitels vor dem Publikum
wieder retten; und Ihrem künftigen Gebiether Gefühle der Verbindlichkeit einprägen.

Vortreflicher Gedanke! Er wurde im
Einklang aufgenommen. Bei schwachen Seelen ist Alles was sie aus der Taufe hebt,
willkommen. — Aber wo nehmen wir immer
geschwind einen Kompetenten her?

Dies

Dies war der einige Punkt, worüber sie
izt straucheltcn. — Da weiß ich selbst vor
der Hand keinen Plan, sagte der Schinese
mit scheinbarer Verlegenheit. Natürlicher-
weis muß, fuhr er nachdenkend fort, dieser
Kompetent kein Wicht seyn; es muß ein
Subjekt seyn, das dem Mandarin Pan-Ti
Furcht einjagen kan. — — Wie: wenn wir
versuchten, ob es einem der kaiserlichen Prinzen gefällig wäre, diese Rolle zu spielen?
Wir haben Einen, der ein sehr schalkhafter
Herr ist, und welcher dergleichen Mystifi-
kationen zum Zeitvertreib liebt. Uebrigens
ist der kaiserliche Hof dem Kapitel geneigt.
Ich bin versichert, daß ihn dessen Ruhm interessirt. — —

— Hier machte der schlaue Vogelsteller
eine Pause. . . . . . Sie wirkte. Man
übertrug ihm, die Sache einzuleiten. Mehr
brauchte er nimmer. Seine Mission war
erfüllt. Er verläßt Cochin-China, um seine Reise ins Bad zu endigen, von wo aus
er den Briefwechsel mit seinem Hof über
diese Sache zu besorgen verspricht.

I. Bändchen.   T   Immit-

Immittelst ist Pan-Ti zu Pecking einge-
troffen. Er meldet sich um Audienz bei
Hofe. So wie man seinen Nahmen nennt:
so fahren die Flügelthüren auf; die kaiserliche Familie ströhmt ihm entgegen; —
Willkomm, Mandarin, bei Hofe! so ruft
der Kaiser: bevor ich Sie reden lasse; so
muß ich mir eine Freundschaft von ihnen
ausbitten, die ich mir nicht abschlagen lasse:
sprechen Sie ohne Weiterm Ja. Ich be-
theure Ihnen, daß Nichts in der Welt ist,
was Sie nicht dagegen von mir verlangen
können. Kurz, es ist Ihre Stimme für meinen Bruder Tongin.

Der Mandarin stuzte; immittelst behielt
er noch Gegenwart des Geists genug, zu
überlegen, daß, da er im Besiz aller übrigen Stimmen wäre, die seinige ihm keinen
Abtrag thun könne. — Gebiethe über deinen Sklaven, allerdurchlauchtigster Monarch,
versezte er: Tongin sei Regent!

Der arme, betrogene Pan-Ti! Er wuste nicht, daß im nehmlichen Augenblike als
er

er Cochin-China verließ, ein Minister von Pecking mit einem Wagen von Goldstangen dahin abgieng. Er mußte ihm auf der Mitte des Wegs begegnen.

Diese Goldstangen vollendeten die Instrike des Cai-Fong. Ueberschwemmt mit Gnaden und Ehren reist Pan-Ti wieder zurük; das Wahlkapitel hält sich; Tongin ist Regent von Cochin-China, und Pan-Ti hat ihm seine eigene Stimme dazu gegeben!!

„Wie können uns Euer Exzellenz verdenken, da Sie uns mit Ihrer Stimme vorangiengen? Ihr Muster verführte uns. Es machte uns irre.„

Diese subtile Ausrede hatte Cai-Fong den Mandarinen in Mund gelegt, immittelst sein Kamrad Jedem eine Goldstange in die Hand legte.

Ueber

Ueber
Magie, Theurgie, Kabala zc. zc.

Ein Paragraf für Gelehrte.

Nego, spiritus miracula posse pa-
trare, id est, quae fieri per leges na-
turae, corporumque vires nequeunt,
efficere, cum simplex eorum natura
non sit corporibus movendis idonea.

Geister sind, der besten Erklärung zu folge *), einfache, unkörperliche, denkende Wesen. Einfach — denn wären sie zusammen-
gesezt, d. h. hätten sie Theile ausser Theilen
(par-

*) die wir dem Kartesius zu danken haben. Man
hat sie bestritten aus Gründen, die mir nicht
bündig scheinen. Eine andere Frage aber ist,
ob es in der Natur wirklich Wesen gibt,
die obigem Begriffe entsprechen? —

(partes extra partes), ſo würden ſie ausgedehnt ſeyn. Sie hätten alſo mit den Körpern
eine weſentliche Eigenſchaft gemein. Mit-
hin-hätten ſie das Weſen der Körper, alſo
wären ſie ſelbſt Körper. Aber von den Körpern will man eſ eben unterſcheiden. Sie
in körperliche Weſen verwandeln, heißt:
Geiſter ganz läugnen. — — Unkörperlich
müſſen ſie ſeyn, d. h. auch von den Elementen der Materie verſchieden, in ſofern man
dieſe leztern ſich zwar in einem gewiſſen Sinne, als einfach, aber doch nicht ohne alle
Ausdehnung und Figur und Schwere, vor-
ſtellt. Ferner denkend — denn ein ideenlo-
ſes Ding wird man, es ſei auch ſonſt, was
es wolle, doch nie einen Geiſt nennen. Denken und Wollen machen ſogar für uns die
ganze Natur eines Geiſtes aus, da es uns
allezeit unmöglich ſeyn wird, in unſerer Seele, von welcher wir den Begriff des Geiſtes
zuerſt abgezogen haben, auſſer den Gedanken und Begierden, noch ſonſt etwas wahr-
zunehmen. Denn was die dunkeln Vorſtellungen betrift, d. h. Vorſtellungen, die man
hat, ohne ſich ihrer im mindeſten bewußt zu

T 3   ſeyn,

seyn, so eignet man diese auch den Seelen
der für unvernünftig gehaltenen Thiere, und
sogar den Leibnizischen Elementen der Körper zu, welche doch niemand zu den Geistern zählt. Vermögen zu deutlichen Begriffen, und wirkliches Selbstbewußtseyn bleibt
immer der unterscheidende Charakter eines
Geistes. — — —

Laßt uns zusehen, ob aus diesen in der
Definition ausgedrückten Eigenschaften des
Geistes: Einfachheit, Unkörperlichkeit, Denken, und Wollen, etwa die Möglichkeit, daß
er Körper bewegen, d. i. Veränderungen in
der materiellen Welt hervorbringen könne,
begriffen werden kan.

Zuerst wollen wir den Begriff der Einfachheit vor uns nehmen, die man als we-
sentliche Eigenschaft eines jeden Geistes an-
zusehen pflegt. Obgleich das Wort: einfach, etwas positives anzuzeigen scheint, so
ergiebt sich doch bei näherer Erwägung gar
bald, daß diese Einfachheit, weit entfernt,
eine positive, den Dingen an und für sich
zukom-

zukommende, und an ihnen wahrnehmbare
Beschaffenheit zu seyn, nichts als Verneinung aller Composition, und nur ein nega-
tiver Begriff in unserm Verstande, oder ein
Wort ist, welches nur die Abwesenheit der
Theile und körperlichen Beschaffenheiten aus-
drückt, ohne denselben etwas positives und
für uns vorstellbares zu substituiren. Man
siehet also auch ein, daß dieser negative Begriff keine Kraft, oder kein besonderes Vermögen anzeigt, welches dem als einfach ge-
dachten Dinge, d. h. dem Dinge, von dem
alle Zusammensezung verneint wird, zukäme.
Vielmehr ist es klar, daß mit allen körperlichen Theilen und Beschaffenheiten zugleich
körperliche Kraft, d. h. vis motrix, verneint
wird. Denn diese Kraft entspringt aus dem
Wesen der Körper, und diese lassen sich so
wenig ohne alle Bewegung, als ohne Ausdehnung denken. Es ist ein auf trüglichen
Sinnenschein, und unrichtige Beobachtung
gegründeter Wahn, daß die Materie sich gegen Ruhe und Bewegung gleichgültig verhält, daß eine äußere, d. h. von aller Materie verschiedene, Ursache, sie ihrem natür-

T 4 lichen

lichen Stande der Trägheit und Unwirksam-
samkeit entreissen, und sie in Bewegung sezen müsse. — — In allen Körpern, selbst
den leblosen, die unter unsere Beobachtung
fallen, entdecken wir durch anhaltende exakte
Observationen, eine Tendenz zur Bewegung,
die nie ohne allen Effekt seyn kan. Man
räume die Hindernisse, die von der Gegenwirkung anderer Körper entstehen, aus dem
Wege, und der Stein, den bisher ein anderer fester Körper unterstüzte, oder trug,
wird fallen, mithin sich bewegen. — Kein
Theilchen des Weltgebäudes ist auch nur einen Augenblick in absoluter Ruhe. — Eine
so allgemeine, durch das ganze Weltgebäude
sich äussernde, seit unzähligen tausend Jahren her dauernde Bewegung — deren Gegentheil man nirgends und niemals wahrgenommen hat *), — sollte man nicht als den
natürlichen Zustand der Materie, als etwas
betrach-

*) und nie wahrnehmen k a n, weil Wahrneh-
mung der Aussendinge, allezeit Wirkung derselben auf unsere Sinne, d. h. Bewegung,
voraussezt. — — —

betrachten dürfen, welches von ihrer Exiſtenz
unzertrennlich iſt? Man kan bewegte Körper betrachten, in ſofern andere Körper durch
den Stoß — deſſen nur Körper fähig ſind
— in ſie wirken, oder: in ſo fern ſie von
Kräften getrieben werden, deren Urſachen
uns unſichtbar ſind, obgleich die größten
Philoſophen mit Recht dafür halten, daß es
ebenfalls ſubtile, ſtoſſende Materien wären.
Ein Billiardball, der den andern forttreibt,
iſt ein Beiſpiel der erſten Art, und ein fal-
lender Stein, den die Schwere mit accele-
rirter Bewegung nach der Erde zu ſtürzt,
von der zweiten. In keinem Falle aber hat
ein einfaches Weſen — in derjenigen Bedeutung des Wortes, die es bei den heutigen
Metaphyſikern zu haben pflegt — gegen Maſſen, ſie mögen groß oder klein ſeyn, das
mindeſte Verhältnis. Stoſſen, Drücken,
Ziehen, u. d. m. kan nur von Körpern und
Atomen, nicht von einfachen Dingen, die
weder Ausdehnung, noch Gröſſe, noch Figur, noch Ort, noch Gewicht, u. d. haben,
prädizirt werden. — —

T 5

Eben

Eben das gilt, wenn wir statt des Be-
griffes des Einfachen, den des Unkörperlichen, sezen. Aristoteles suchte die Ursache
der Bewegung in einem unkörperlichen und
unbeweglichen Ersten Beweger. Er zog sich
aber dadurch von dem Herrn von Mauper-
tuis, im Essai de Cosmologie, den gegrün-
deten Vorwurf zu, er habe dieses nur deswegen gethan, weil er nicht gewußt habe, wo
er die Ursache der Bewegung hinthun solle?

Da wir also aus denjenigen Eigenschaften des Geistes, die wir Einfachheit und
Unkörperlichkeit nennen, seine Fähigkeit, die
Materie zu bewegen, und in der Körperwelt
Veränderungen hervorzubringen, nicht ablei-
ten konnten, indem jene Wörter blos negative Begriffe, die keine Kraft, oder besonderes Vermögen enthalten, bezeichnen, so
wollen wir zusehen, ob wir die bewegende
Kraft, die von einigen dem Geiste — entweder Einem, oder mehrern — zugeschrieben wird, in dem Denken und Wollen,
als welches die einzigen positiven Eigenschaften des Geistes sind, entdeken können. — —

Zuerst

Zuerst ist es gewiß, daß wir den Begriff des Denkens bloß aus der Wahrnehmung unserer eigenen Gedanken abgezogen, und auf vorausgesezte unkörperliche Wesen, die wir doch nicht ohne alle positive Bestimmungen lassen konnten *), übergetragen haben. Dächten wir selbst nicht, so wäre es uns unmöglich, vom Denken einen Begriff zu haben, oder zu wissen, was dieses Wort bedeutet. Aus dem nehmlichen Grunde urtheilen wir, daß jedes Denken dem unsrigen ähnlich seyn muß, und wir würden eine Eigenschaft oder Handlung, die unserm Denken gar nicht ähnlich wäre, nie für ein wirkliches Denken halten können. — Diese Säze scheinen keinem vernünftigen Zweifel ausgesezt zu seyn. Sie berechtigen uns aber auch, sobald man sie als wahr zugibt, noch einen Schritt weiter zu gehen, und zu behaupten: daß eine Kraft, oder ein Vermögen, wovon wir in unserem eigenen Denken nicht die geringste Spur oder Anzeige wahr-

*) Weil man sie sonst vom bloßen Nichts, welches auch unzusammengesezt, und unkörperlich ist, nicht unterscheiden könnte. —

wahrnehmen können, dem Denken überhaupt nicht wesentlich seyn, oder inhäriren, und keinem denkenden Wesen — in sofern es denkend ist — beiwohnen könne. — —

Nun aber lehrt uns die Erfahrung zur Gnüge: daß wir durch bloßes Denken an irgend einen Gegenstand, weder ihn selbst — wofern er noch nicht existirt — hervorbringen, noch ihn — wofern er da ist — im geringsten verändern können. Keiner meiner Gedanken kan, wofern nicht eine körperliche Kraft, z. B. ein Stoß, oder Druck, hinzukömmt, auch nur ein Sandkörnchen aus der Stelle bewegen. Könnte er das, so ist nicht abzusehen, warum er nicht, mit einer Art von Allmacht begabt, eben so leicht Berge versezen, den Lauf der Planeten hemmen, und das Wasser in der Bouteille eines Säufers in Aquavit verwandeln könnte. Auf das Verhältniß und die Differenz der Maßen, Gewichte, u. d. kommt es gar nicht an, wenn von der Wirkung eines geistigen, durch bloßes Denken wirkenden, Wesens die Rede ist. — — —

Wir

Wir werden alſo einem Geiſte, deſſen
Natur im Denken beſteht, das — im Denken nicht enthaltene, und mit ihm auch nicht
von auſſen zu vereinigende — Vermögen,
Körper zu bewegen, nicht beilegen können.
Es bleibt uns alſo nichts übrig, als noch
zu unterſuchen, ob etwa das Wollen, welches ebenfalls eine den Geiſtern beigelegte
poſitive Eigenſchaft iſt, als die wirkende
Urſache der Bewegung angeſehen werden kann.
Alles trägt in dieſem Punkte dazu bei, uns
zu täuſchen. Die Scheinerfahrung von der
Herrſchaft des Willens über einige Glieder
und Bewegungen unſeres Leibes, überredet
uns, daß der Wille irgend eines andern Weſens gar wohl der lezte oder höchſte Grund
aller Bewegung in der materiellen Welt ſeyn
könne, und dieſes iſt der Nerv des Bewei-
ſes, deſſen ſich Rouſſeau bedient hat, die
Exiſtenz eines Erſten, intelligenten, freien
Bewegers der ganzen Natur darzuthun. Dieſer Beweis ſcheint indeß, genau erwogen, ein
bloſſer Paralogiſmus zu ſeyn. Der Menſch,
welcher zuverläßig keine Inſel in der Welt,
kein unabhängiges, ſelbſtſtändiges, und durch-

aus

aus sich selbst bestimmendes Wesen, sondern ein Theil der Natur, und ihren allgemeinen Gesezen unterworfen ist, hat, wie
jedes andere einzelne Ding, eine Tendenz,
gewisse Bewegungen hervorzubringen. - Dieser Tendenz ist er sich bewußt. Aber jene
Bewegungen kollidiren oft mit denen der
Aussendinge, und werden durch diese modifi-
zirt oder abgeändert. Insofern diese Bewegungen mit seinem Triebe, sich in seinem
Sein und Stande zu erhalten, übereinstim-
men, billigt er sie, und urtheilt, daß sie
gut, d. h. seinem Willen, seiner Tendenz,
oder seinem Wesen gemäß wären. Oft aber
erfolgen in und ausser seinem Körper, Bewegungen, die ihm nachtheilig und unange-
nehm, die also seinem Willen gänzlich zuwider sind, die folglich er durch seinen Willen nimmer produzirt haben würde, die er
aber auch eben so wenig durch sein Nicht-
wollen verhindern-kann. — — Wäre unser
Wollen wirklich die wirkende Ursache von
der Bewegung unseres Armes, oder unserer
Muskeln, so läßt sich nicht begreifen, warum wir nicht mit gleicher Leichtigkeit eine

Masse

Maſſe von tauſend Centner Blei, durch bloßes
Wollen bewegen könnten? Der Wille bewegt meinen Arm, wenn nichts dieſer Bewegung ſich widerſezt. Aber er kan ihn
nicht mehr bewegen, wenn dieſer Arm mit
einer allzugroßen Laſt beladen wird. Da
hätten wir alſo eine materielle Maſſe, welche den Eindruck einer geiſtigen Urſache ver-
nichtet, die gleichwohl keine Analogie mit
der Materie hat, und nicht mehr Schwierigkeit finden müßte, eine ganze Welt zu bewegen, als einen Atomen aus der Stelle zu
rücken. Auch ändert der Wille ſeine Natur
nicht, er mag ſich in dieſem, oder in jenem
Subjekte befinden. Wir ſind daher nicht
berechtigt, eine Kraft, wovon wir in unſerm
eigenen Willen nicht die geringſte Spur ent-
dekken können, dem Willen irgend eines andern vorausgeſezten Weſens zuzuſchreiben.

Die Seele kan eben ſo wenig durch Wollen als durch Denken, den Körper zur Bewegung beſtimmen. Spinoza ſagt mit Recht:
„wenn die Menſchen ſagen: dieſe oder jene
„That, d. i. Bewegung, des Körpers, rühre
„von

„von der Seele her, deren Willen über
„ihn die Herrschaft habe, so wissen sie selbst
„nicht, was sie sagen, und thun im Grun-
„de nichts, als, daß sie mit scheinbaren
„Worten gestehen, die wahre Ursache der-
„selben Veränderung sei ihnen verborgen.„

— — —

Man kan auch nicht mit Grunde sagen:
ob gleich die Vorstellung eines Willens, der
in einem unkörperlichen Wesen residire, und
in körperliche Massen wirke, um sie zu bewegen, a priori große Schwierigkeiten habe, so lehre uns doch die Erfahrung zur Ge-
nüge, daß Geister fähig sind, Körper zu
bewegen. Denn sind nicht unsere Seelen
Geister? und bewegen sie nicht ihre Körper? — — Ich antworte: Wenn die Erfahrung uns von der Einwirkung des Geistes in die Materie belehren sollte, so müßte sie uns auch zugleich lehren, daß unser
Denken und Wollen, Eigenschaft eines Geistes, daß also unser Gemüth (mens, anima)
ein Geist in der oben festgesezten Bedeutung
des Wortes sei. Allein ich weiß nur aus
Erfah-

Erfahrung, daß ich denke und will, aber ich bin mir der Einfachheit und Geiſtigkeit meiner Seelenſubſtanz ſo wenig unmittelbar bewußt, daß ich mich kaum durch eine lange Reihe von Schlüſſen, (die mir noch dazu in mehr, als einer Hinſicht mangelhaft und unſicher ſcheinen) mühſam, von einer ſo verſtekten, und von vielen Weltweiſen beſtrittenen Wahrheit überzeugen kann. Da aber die Erfahrung uns nicht von dem Saze überführt, daß die Seele eine geiſtige Subſtanz ſei, ſondern vielmehr die Frage zum Nachtheil der Spiritualiſten entſcheiden würde, wenn Erfahrung für etwas gelten könnte, ſo können wir uns auch nicht auf die vorgeblich an uns ſelbſt gemachte Erfahrung von der Einwirkung des Geiſtes in die Materie, berufen.

So wie es uns alſo aus Begriffen a priori unmöglich und ungereimt ſcheinen muß, daß ein Geiſt, d. i. ein einfaches, unkörperliches Weſen, deſſen Natur im Denken und Wollen beſtehet, auf körperliche Maſſen ſollte wirken *), und sie bewegen können, ohne die mindeste Analogie oder Verhältnis mit solchen zu haben, so giebt es auch keine einzige wirkliche Erfahrung, welche den Saz von der Einwirkung eines oder mehrerer Geister in die Materie bestätigte. Eine solche Erfahrung müsten wir aber doch an uns selber machen können, um berechtigt zu seyn, andern Geistern, ausser den menschlichen Seelen, das Vermögen, Veränderungen in der Körperwelt hervorzubringen, beizulegen. Der Graf von Gabalis sagt daher, ganz im Geiste der kartesianischen Philosophie mit Recht: l'ame, les anges, les diables, ne sçauroient agir contre un corps, parce qu'étant des esprits, ils ne peuvent que penser et connoitre. Or, penser et connoitre ne font aucune impression, et ne peuvent produire aucun mouvement dans la chose matérielle. — Ne voyez-vous point, que de cette proposition si raisonnable, qu'un

Esprit

---

*) Da solche Wesen bloß durch Denken und Wollen, aber nicht auf Körperart durch Bewegung wirken können. — —

Efprit ne peut que penfer et connoitre, et qu'il eft *contre fa nature*, de produire au‑ cun mouvement local, il s'enfuit afféz na‑ turellement, que plus un Efprit eft *pur*, plus il eft eloigné de la matiére, et moins il eft propre à la mouvoir. — — —

Wir finden alfo 1— weder in der Ein‑ fachheit, noch in der Unkörperlichkeit des Geiftes — welches negative, keine befondere Kraft oder Vermögen ausbrückende, Begrif‑ fe find — noch im Denken und Wollen, wor‑ inn alles dem Geifte, als Geift, zukommen‑ des Pofitive beftehet, eine Möglichkeit, daß Geifter Körper bewegen und verändern kön‑ nen. 2— Keine einzige wirkliche Erfahrung beweift uns, daß Geifter, d. i. einfache, un‑ räumliche, denkende Wefen, die eigentlich kei‑ nen Ort einnehmen, und alfo auch ihren Ort nicht verändern können, in die Materie wir‑ ken, und fie bewegen. Wir haben alfo gar keinen Grund, den Geiftern — ihre Exiftenz hier vorausgefezt — eine bewegende Kraft (vis motrix) zuzufchreiben, und es kan diefe in den Geiftern angenommene, aber mit ihrem

U 2　　　　　Be‑

Begriffe in unserem Verstande unvereinbare
Kraft, nicht einmal als Hypothese gelten,
da sie nichts erklärt, und etwas noch un-
begreiflicheres, als der Ursprung der Bewegung aus der ursprünglichen Tendenz der
Körper, und denen daraus entspringenden
Kollisionen zu seyn scheint, voraussezt. ——

Da man nun das den Geistern beigelegte Vermögen, Körper in Bewegung zu sezen, oder, wenn sie einmal in Bewegung
sind, ihre Direktion zu ändern, weder in
der von den Geistern prädizirten Einfachheit
und Inkorporeität — welche Wörter nur die
Abwesenheit körperlicher Beschaffenheiten und
Kräfte anzeigen — noch im Denken und Wollen, worauf sich alles Positive und Erkenn-
bare der geistigen Wesen reduciren läßt, entdecken kan, so bleibt denjenigen, welche die
Kraft, Körper zu bewegen, und Veränderungen in der materiellen Welt hervorzubringen, den Geistern vindiziren wollen, nichts
übrig, als den Ursprung der Bewegung aus
okkulten Qualitäten der Geister, d. h. aus
sinnleeren Wörtern, die nie der Grund der
Ver-

Veränderungen in der Natur seyn können, herzuleiten. Aber nicht einmal zu gedenken, daß man die okkulten Qualitäten längst mit glücklichem Erfolge aus der gereinigten Naturlehre verbannet hat, würden doch die Liebhaber sinnleerer Wörter in der That viel kürzer abkommen, wenn sie, statt diesen oder jenen Geist zu bemühen, den Ursprung der Bewegung sogleich aus einer verborgenen Eigenschaft der Materie selbst herleiten wollten.

Die lezte Ausflucht, welche den Partisanen des Geistersystems übrig bleibt, ist die — auch in unsern Tagen bei einigen beliebte — Hypothese, daß alle Geister, die endlichen wenigstens, vermittelst feiner Körperchen, womit sie vereinigt wären, auf die gröbern Körper wirkten. Allein wenn Geister ganz unkörperliche Wesen sind, so können sie mit Körpern, d. h. mit Dingen von ganz entgegengesezter Natur, noch weit weniger, als Brunnenwasser oder Eis mit Küchenfeuer, vereinigt werden. Vereinigung sezt immer eine Analogie, ein Verhältnis,

U 3   oder

oder Gleichartigkeit unter den Dingen, die
vereinigt werden sollen, voraus. Zwischen
Geist und Materie findet nicht blos Diver-
sität, sondern Opposition der Eigenschaften
statt.

Zudem sind grob und fein nur relative
Begriffe. Man wird der Unbegreiflichkeit
des Einflusses einer geistigen Substanz in
die Materie, durch die Erdichtung eines subtilen Korpuskels nicht abhelfen. Die Einwirkung, die, wie wir gezeigt haben, immer
durch Denken oder Wollen geschehen müßte,
bleibt bei dem Körperchen den nehmlichen
Schwierigkeiten unterworfen, als bei dem
Körper. Beide können blos durch die An-
zahl der Bestandtheile, und durch die Art
der Zusammensezung verschieden seyn, gesezt
auch, man dächte sich ein Körperchen, das
feiner wäre, als die Quintessenz des Ner-
vensafts. Welchen Beweis hat man von
dem feinen Korpuskel, womit z. B. unsere
Seele vereinigt seyn, und der in dem gröbern Körper, wie eine Nürnberger Schach-
tel in der andern, verborgen stecken soll? —
Es

Es ist Chimäre, was man von dem subtilen
Körper sagt, der unsichtbarer Weise in dem
sichtbaren stecken, und ein vollkommner Ab-
druck unserer äusserlichen Gestalt seyn soll.
Man müßte gar keine Kenntnis von dem
Gewebe unsers Körpers haben, wenn man
den äusserlichen Körper von den Muskeln,
Adern, Nerven, Nervenzasern, und deren
feinsten Theilchen trennen, und ihn mit den
zwei- oder dreifach über einander liegenden
Häuten eines Insekts, oder einer Zwiebel,
vergleichen wollte. Ein grosser Anatomiker
fand die Hypothese des subtilen Korpuskels
sehr lächerlich, und sie ist es in der That.
Könnte der Geist seinen Korpuskel, oder ein
Lufttheilchen, oder ein Erdstäubchen, durch
einen Gedanken, oder durch Wollen, bewegen, so brauchte er zur Bewegung des gröbern Körpers, seinen Adjutanten, den subtilen Korpuskel, nicht. Er müßte, da Bewegung ihm nichts, als einen Gedanken,
oder ein Wollen (Fiat!) kostete, mit gleicher Leichtigkeit einen Elephanten in die Luft
führen können. — Man siehet also ein,
daß den Geistern die Kraft, Bewegungen

U 4　　　　　　oder

ober Veränderungen in der Körperwelt hervorzubringen, nicht zukommen kan. Folglich können sie auch in der Körperwelt keine
Wunder thun, d. h. keine den Regulis Mo-
tus zuwider laufende Bewegungen in derselben hervorbringen. Alle Veränderungen in
der materiellen Welt lassen sich auf Bewegung zurückführen. Ein in der Körperwelt
gewirktes Wunder müßte also, da es in der
Körperwelt etwas (den Zustand einiger Dinge) verändert, Bewegung hervorbringen, und
diese Bewegung müßte den ordentlichen Regeln der Bewegung contrair seyn, weil eine
Veränderung, die den Bewegungsgesezen gemäß ist, und also wohl auch aus denselben
erfolgen konnte, nie als über- oder ausser-
natürlich angesehen werden kan. — — Hat
nun ein Geist gar keine Kraft, Körper zu
bewegen, so kan er in der Körperwelt gar
keine Veränderungen hervorbringen, also dar-
innen keine Wunder thun. —

Man wird vielleicht einwenden, obgleich
den Geistern von Natur die vis motrix nicht
zukomme, so könne sie doch Gott denselben

um

um besonderer Absichten willen, in gewissen
Fällen mittheilen. Allein diese Mittheilung
der Eigenschaften ist eine sehr ungereimte
Annahme. So, wie der Allmächtige keinem Dinge eine seiner wesentlichen Eigenschaften, ohne welche es nicht vorhanden
seyn kan, zu entziehen vermag, so, wie Er
— seiner Allmacht unbeschadet — nicht machen kan, daß ein Körper ohne alle Ausdehnung und Figur existirt, oder wahrgenommen wird, so kan er auch einem Dinge
keine Eigenschaft mittheilen, die diesem Dinge seiner Natur nach nicht zukommen kan.
Denn in diesem Falle würde so gut, als in
jenem, das Wesen der Dinge, welches keiner Wahl, oder Willkühr unterworfen ist,
geändert. Ist die vis motrix eine körperliche Kraft — und wirklich äussert sie sich nur
in der Materie, und man kan sich keinen
Begriff mehr von jener Kraft machen, sobald man sich alle Materie, d. i. alles Be-
wegliche im Raume, als zernichtet denkt —
so kan Gott diese Kraft so wenig einem Geiste mittheilen, als er die Materie in einen
Geist verwandeln kan. — —

U 5

End-

Endlich könnte man noch sagen: es sei doch wenigstens unmöglich, Gotte die Kraft, Körper zu bewegeen, abzusprechen. Gott aber sei auch ein Geist, und man erkenne also doch überhaupt, daß die Bewegung von geistigen Ursachen herrühren könne. Dieser Einwurf wird wenigstens kein Meisterstück der Gründlichkeit seyn. Gespenster, und menschliche Seelen — selbst Seelen der Einfältigen und Wahnwizigen — sind, wie man sagt, Geister, und Gott — das ewige, unendliche, unbegreifliche Wesen) von allen Kreaturen nicht bloß dem Grade, sondern der Art, oder dem Wesen nach verschieden, dieses einzige unvergleichbare Wesen, welches mit dem Endlichen gar keine Eigenschaft gemein haben kann, soll auch ein Geist seyn? Es läßt sich unumstößlich beweisen: daß diesem unendlichen Wesen kein eigentliches Denken, Wollen, Lieben, Hassen, Mißfallen, u. d. zugeschrieben werden kann. Andere haben diesen Beweis, der mit der größten Schärfe geführt werden könnte, bereits in seinen Grundstrichen angegeben. Aber dieser Beweis erhärtet zugleich, daß die lezte

te oder höchste bewegende Ursache der ganzen — wie es scheint, in allen ihren Theilen
belebten — Natur, kein Geist, der dem
unsrigen ähnlich, und mithin gar kein Geist
ist. — — — Denken und Wollen sind we-
sentliche Eigenschaften eines Geistes. Wo
diese nicht angetroffen werden, da ist kein
Geist in der ordentlichen Bedeutung des Wortes, zugegen.

Man kann also von dem Vermögen Gottes, d. h. der unbegreiflichen Grundursache
der Ordnung und Bewegung in der Welt,
nicht auf die Fakultäten eines sogenannten
Geistes, d. i. eines einfachen, unkörperlichen
Wesens schließen, dem außer dem Denken
und Wollen weiter nichts positives zukömmt.

Aus denen bisher vorgetragenen Sätzen,
daß 1.— Einfachheit und Unkörperlichkeit
keine positive, irgend eine Kraft enthalten-
de, Beschaffenheiten eines wirklichen Dinges,
sondern negative Begriffe, Wörter, sind,
welche die Verneinung aller Kompositionen,
die Abwesenheit körperlicher Beschaffenheiten
und

und Kräfte, anzeigen, 2.— daß Denken
und Wollen das einzige Positive und Erkenn‐
bare in einem Geiste ist. — 3. — daß we‐
der in einem Gedanken, noch im Wollen ei‐
ne Kraft, Materie zu bewegen, enthalten
sei, und daß niemand sich einer solchen sei‐
nem Willen inhärirenden Kraft bewußt ist.
4.— daß okkulte Qualitäten sinnleere Wör‐
ter sind, und nicht der Grund der Verän‐
derungen in der Natur seyn können; 5.—
daß also auch aus okkulten Qualitäten der
Geister, der Ursprung der Bewegung in der
körperlichen Natur nicht hergeleitet werden
könne; 6.— daß Eigenschaften, die dem
Wesen eines Dinges nicht gemäß sind, ihm
auch nicht durch Allmacht mitgetheilt wer‐
den können; 7. — daß man von der unbe‐
kannten und unbegreiflichen Natur Gottes,
d. h. der Grundursache, nicht auf das Ver‐
mögen der vorausgesezten, ihm nothwendig
höchstunähnlichen Geister schließen könne, aus
diesen Sätzen läßt sich nun mit Gewißheit
folgern: 1.— daß Geister *), da sie keine
kör‐

*) Wollte man ihnen irgend eine Ausdehnung,
Figur,

körperliche Kraft besizen, auch keine Massen bewegen, und in der materiellen Welt keine Veränderungen hervorbringen, folglich auch in derselben keine Wunder thun können, da alle Veränderungen in der Körperwelt sich auf Bewegung zurückführen lassen, und ein in der Körperwelt gewirktes Wunder also eine den beständigen Gesezen der Bewegung zuwiderlaufende Veränderung seyn, mithin bewegende Kraft unterstellen würde, die einem einfachen unkörperlichen Wesen fehlt. 2.— daß also auch Geistererscheinungen unmöglich, und alle davon vorhandene Erzählungen fabelhaft und ungereimt sind.

Bei dem leztern Saze (2.), wollen wir uns noch einen Augenblick verweilen. Ein Geist ist wesentlich unsichtbar, unhörbar, unfühlbar. Die Menschen können nichts als Kör-

Figur, Schwere, und etwa eine anziehende oder zurückstoßende Kraft beilegen, so verwandelt man sie in denkende Körperchen, Atomen, Elemente. — So folgen sie den mechanischen Gesezen der körperlichen Natur.

Körper sehen und fühlen, und was sie hö=
ren — der Schall — wird von körperlichen
Ursachen erregt, und findet ohne zitternde
Bewegung der Luft, und Erschütterung un=
serer Gehörorgane nicht statt. Ein Geist
kann sich nicht sichtbar, hörbar, fühlbar
machen, weil er sonst Beschaffenheiten an=
nehmen müßte, die nur Körpern zukommen,
und seinem Wesen widersprechen. — Das
menschliche Auge kann ein Geist auch nicht
bewegen. Sonst müßte er Körper bewegen
können, welches er, wie wir gesehen haben,
nicht kann. Wie kann er aber je uns sicht=
bar werden, ohne eine Veränderung, d. i.
Bewegung, in unserm Auge hervorzubrin=
gen? Eben so wenig kann er uns seine Ge=
genwart durch Eindrücke auf unsern Sinn
des Gehörs manifestiren, weil er keine Kör=
per in der Luft bewegen kann. Was ge=
fühlt wird, muß solide Ausdehnung haben.
Diese ist Eigenschaft der Materie. Was
also gefühlt wird, ist körperlich. Da nun
Geister weder gesehen, noch gehört, noch
gefühlt oder berührt werden können, so kön=
nen sie uns, (die wir vom Daseyn oder der
Gegen=

Gegenwart der Auſſendinge nur durch die
ſinnlichen Eindrücke, die wir erhalten, be-
nachrichtigt werden) nie erſcheinen, d. h.
ſinnlich-wahrnehmbar werden. Alle Erzählungen von citirten und erſchienenen Geiſtern ſind alſo ſchlechterdings nicht zu glauben. — —

Geiſter können ſich auch nicht, zum Be-
hufe einer momentanen Erſcheinung, ſelbſt
Körper bilden. Dazu würde erfodert, daß
entweder der Geiſt ſich neue Materie aus
Nichts erſchaffte, welches Unſinn iſt, oder
daß er die zur Bildung des Körpers taug-
lichen Partikeln aus der Natur zuſammen-
trieb, und ſie mit einander vereinigte. Alſo müßte er doch Körper bewegen können,
und wir haben gezeigt, daß er es nicht kann.

Sollten endlich die körperlichen Geſtal-
ten, die man zu ſehen ſich einbildet, wenn
man einen Geiſt zu erblicken glaubt, nur
bloße Scheinkörper, oder Schatten ſeyn,
ſo würde, wenn wir dieſe Scheinkörper von
wirklichen Körpern durchaus nicht zu unter-
scheï-

cheiden vermögten, alle ſinnliche Gewißheit
aufgehoben.   Wir wären einer beſtändigen
Täuſchung ausgeſezt, und, was wir ſehen,
hören, fühlen, und mit größter Ueberzeugung
für etwas wirkliches halten, wäre alles vielleicht nur, durch die Petulanz gewiſſer unſichtbar wirkenden Geiſter hervorgebrachtes
Blendwerk.

Ein Geiſt ſoll in ſeiner Erſcheinung einem Schatten gleichen?   Schöne Chimäre! — Wo Schatten iſt, da muß ein Körper ſeyn, der ihn macht. Auf und um der
Erde gibt es keinen Schatten, als ſolchen,
der von Körpern gemacht wird. — — —

Wir hätten alſo, wofern die aufgeſtell-
ten Grundſäze, wie ich überzeugt bin, ihre
Richtigkeit haben, jene Träumereien des
Aberglaubens glüklich zerſtöhrt, die unter
den Namen der Magie, Theurgie, Thau-
maturgie, u. d. m. das menſchliche Geſchlecht
ſo lange zu ſeinem größten Schaden tyran-
niſirt haben.

Unſer

Unfer Beweis läßt sich folgendermaßen in die Kürze zusammenziehen, und concentrirt darstellen:

1— Geister will man von aller Materie unterscheiden. Sie sollen also einfache, unkörperliche, denkende Wesen seyn. Keines dieser Merkmale darf in der Erklärung fehlen. Wollte man ihnen das Denken absprechen, so entzöge man ihnen alles Positive, und sie ließen sich von bloßen geometrischen Punkten nicht unterscheiden, die auch einfach, unausgedehnt, untheilbar, ohne Figur, u. s. f. seyn sollen, von denen man aber auch gestehet, daß sie keine reelle Existenz außer dem Verstande haben können. Wollte man ihnen das Denken lassen, aber Einfachheit und Unkörperlichkeit ihnen absprechen, so verwandelt man sie in denkende Materie, reduzirt alles auf diese, und läugnet, daß es Geister gibt. —

2— Einfachheit und Unkörperlichkeit, (welche man gewissen Dingen durch künstlich

I. Bändchen. X zuge-

zugespizte Beweise zu vindiciren sucht,)
sind keine positive, irgend eine Kraft oder
besonderes Vermögen in sich fassende, Beschaffenheiten, nur negative Begriffe, Wörter, welche die Abwesenheit aller körperlichen Beschaffenheiten und Kräfte anzeigen. Man kan daher nicht sagen, daß
der Geist durch seine Einfachheit und Inkorporeität, Materie zu bewegen im Stande sey. Man würde also den Grund,
warum er Körper bewegen kan, in dem,
dem Geiste zukommenden, Positiven, suchen müssen.

3— Dieses Positive ist nichts anderes, als
sein Denken und Wollen. Dieses sind, wie
man gestehet, die Eigenschaften, die den
Geist eben zum Geiste machen. — —

4— Der Begriff des Denkens enthält kei-
neswegs den Begriff einer ihm wesentlichen bewegenden Kraft. Auch sind wir
uns in unsern einzelnen Gedanken, von
welchen wir den Begriff des Denkens
überhaupt abgezogen haben, keiner solchen
Kraft

Kraft bewußt. Ich mag mir einen, mir vor Augen liegenden, Stein noch so lebhaft vorstellen: ich kan dadurch nicht die kleinste Bewegung dieses Steines hervorbringen. Ja, ich kan durch bloßes Denken so wenig ein Sandkörnchen, als den Berg Chimborasso, aus der Stelle bewegen.

5— Eben das gilt vom Wollen. Das Wollen ist nach dem Denken, denn es sezt das Selbstgefühl voraus. Es ist nach dem Begriffe, weil es das Gefühl einer Beziehung erfordert. Es ist also nicht unmittelbar mit der Substanz, noch selbst mit dem Denken verknüpft. Es ist nichts, als eine entfernte, aus Verhältnissen resultirende, Wirkung, und kan nie ein Prinzip der Handlung, eine reine Ursache der Bestimmungen, (zumal eines andern, und noch dazu körperlichen, Wesens) seyn. — Ich handle blos meinem Willen gemäß, so oft es geschiehet, daß meine Handlungen ihm entsprechen. Aber es ist nicht mein Wille, was mich han-

X 2   deln

deln macht, oder in Bewegung sezt. Kein
Thier kan irgend etwas unmittelbar bewegen, auſſer den Gliedern ſeines eigenen
Körpers. Der Grund dieſer Bewegungen liegt nicht im Willen des Thieres,
ſondern im nothwendigen mechaniſchen
Spiel (d. i. in der ſteten Aktion und Re-
aktion) determinirter Naturkräfte, die der
Organiſation des lebenden Thieres eigen
ſind, und ſich unter einander modificiren.
Durch bloßes Wollen kan ich das kleinſte
Stäubchen ſo wenig bewegen, als aus
Nichts erſchaffen. Um es zu bewegen,
muß ein Stoß, oder Druck, u. d. hinzu
kommen. Auch der Hauch des Mundes
iſt ein Stoß, wodurch die den Mund zunächſt umgebende Luft in Bewegung geſezt wird. Wille bleibt aber Wille, ändert ſeine Natur nicht, er mag ſich in
dieſem oder in jenem Subjekte, im Menſchen, oder in einem vorausgeſezten Geiſte, befinden. Eine Kraft, deren ſich kein
Menſch in ſeinem eigenen Willen bewußt
iſt, dürfen wir nicht in den Willen irgend eines andern Weſens verlegen. —

Denn

Denn jeder Wille mus dem unsrigen ähnlich seyn, und eine dem Willen wesentlich eigene Kraft müßte in unserm Willen so gut, als z.B. in dem Willen des Engels Gabriel, u. b. anzutreffen seyn. Auch ist das Wollen ein Etwas, welches keine Grade, kein Mehr oder Minder, zuläßt. Was ich will, das will ich eben so ernstlich, eben so vollkommen, als der Engel Gabriel dasjenige will, was er will. —

6— Da nun ein unkörperliches Wesen durch bloßes Denken oder Wollen keine Körper bewegen kan, so ist in dem positiven und Erkennbaren, welches der Natur eines Geistes zukömmt, kein Grund irgend einer Veränderung in der Körperwelt *) anzutreffen.

7— Wir müßten also, wenn wir die Bewegung für Wirkung geistiger Ursachen erklä-

X 3

*) Da alle Veränderungen in der Körperwelt, bewegende Kraft (vis motrix), voraussetzen. — —

erklären wollten, den Ursprung der Bewegung aus okkulten Qualitäten der Geister herleiten.

8— Okkulte Qualitäten sind sinnleere Wörter, die nicht den Grund der Erscheinungen in der Natur enthalten können. Wollte man dergleichen dennoch annehmen, so
dürften wir nur den Grund der Bewegung in okkulten Qualitäten des Beweglichen selbst, d. h. der Materie, annehmen. Entia non sunt praeter necessitatem
multiplicanda. — —

9— Subtile Körper, womit man die Geister bekleidet, erklären nichts, helfen der
Schwierigkeit nicht ab. Sie mögen noch
so subtil seyn, so sind sie doch ausgedehnt,
theilbar, beweglich, u. d. Sie sind also
Materie. Die Materie kan der Geist,
der gar nichts mit ihr gemein, und zu
ihr kein Verhältnis hat, nicht bewegen.
Er kan also auch nicht vermittelst des
feinern Körpers auf die gröbern wirken.
Denn könnte er, z. B. durch sein Wollen
den

den Körper A. nach Gefallen bewegen,
so müßte er den Körper B. ohne sich des
A. als eines Instruments oder Hebels zu
bedienen, eben so leicht durch einen Be-
fehl seines Willens in Bewegung sezen
können. — — Die Begriffe des groben
und feinen sind nur relativ. Der subtile
Körper, und wäre er feiner als quint-
essenziirter Nervensaft, ist noch immer,
in Vergleichung mit einer punktähnlichen
Monade, eine ungeheure Masse.

10— Geister können keine neue Materie aus
Nichts erschaffen. Von Dingen, die gar
nichts mit einander gemein haben, oder
von ganz entgegengesezter Natur sind, kann
eins nicht die Ursache, oder der Erklärungs-
grund des andern seyn. — —

11— Geister können sich auch aus schon vor-
handener Materie nicht selbst Körper bilden, weil dazu bewegende Kraft erfodert
würde, die ihnen fehlt.

12— Eigenschaften, die dem Wesen der Geister nicht gemäß sind, kann ihnen auch die

All-

Allmacht, die nach beständigen unabän-
derlichen Regeln, aber nie gegen diese
Regeln, wirkt, nicht mittheilen. Allmacht
kann einem Geiste also keine körperliche
Kraft (vis motrix, potentia activa cor-
poris, die aus dem Wesen desselben re-
sultirt) einverleiben.

13 — Man kann sich nicht auf die Erfahrung berufen, die wir davon haben, daß
unsere Seele unsern Körper bewegt. Die
Seele kann, wie auch Spinoza mit Recht
lehrt, den Leib weder zur Bewegung, noch
zur Ruhe bestimmen. Auch kann in Ewigkeit nicht erwiesen werden, daß unser Denken und Wollen, Eigenschaft eines in unserm Körper wohnenden Geistes, d. i. eines einfachen, unkörperlichen Wesens,
sei. — —

Aus allen diesen — wie ich dafür halte, unläugbaren — Sätzen ergibt sich mit
der größten Gewißheit das Resultat:

Geister können in der Körperwelt
keine Veränderungen — mithin auch
keine

keine solche, die den beständigen Ge‑
sezzen der Bewegung contrair sind, und
Wunder heissen könnten — hervor‑
bringen. — —

Man siehet also, daß wir von diesen We‑
sen, wofern sie auch existirten, nichts zu
hoffen, und nichts zu fürchten haben. Ihr
wirkliches Daseyn außer dem Verstande, kann
von uns weder sinnlich wahrgenommen, noch
(da es so wenig, als der Begriff irgend ei‑
nes andern einzelnen Dinges, Nothwendig‑
keit mit sich führt) unabhängig von der Er‑
fahrung, durch abstrakte Schlüsse bewiesen
werden. — — —

Aber selbst bei der Voraussezung des
Daseyns der Geister, bleibt es doch, zufolge
der ihnen beigelegten Natur, ohne welche sie
sich in der That nicht denken lassen, unmög‑
lich, daß sie sollten uns erscheinen, d. h.
sinnlich wahrnehmbar werden können. Da
sie weder Ausdehnung, noch Figur, noch
Farbe haben, und keine Bewegung oder
Veränderung in unserm Auge hervorbringen

kön‑

können, so können sie uns so wenig, als
ein geometrischer Punkt, je sichtbar werden.
Aufs Gefühl können sie auch nicht wirken.
Denn dazu gehört Berührung der Nerven-
spizen. Was aber berührt, oder berührt
wird, ist Körper. Hören kann man nichts,
als den Schall, der von körperlichen Ursachen erzeugt wird. — — Alle Geistеr-
scheinungen sind also — entweder absichtliche
Erdichtungen, oder: Wirkungen einer erhiz-
ten, ausschweifenden Imagination. Zeugnisse von Thatsachen für das Gegentheil,
oder auch eigene vermeintliche Erfahrungen
dieser Art, würden mich eher zum Narren
machen *), als mir eine andere Ueberzeugung
aufdringen. — — Zeugnisse können nicht
mehr glaubwürdig seyn, wenn sie Fakta er-
härten sollen, welche mit der Natur der
Dinge, so weit sie deutlich von uns erkannt
wird, im Widerspruche stehen. Gibt es
Grund-

---

*) Weil sie mich in die fatale Alternative sezen
würden, entweder den Grundsäzen meiner
Vernunft, oder dem Zeugniß meiner Sinne
nicht mehr zu trauen.

Grundgeſeze in der Natur, und ſind wir
einige derſelben zu erkennen fähig, ſo müſſen wir durchaus annehmen, daß dieſe Grundgeſeze im Weſen der Dinge ſelbſt ihren be-
ſtimmten Grund haben, und alſo nichts weniger, als zufällig, und einer Abänderung
unterworfen ſind. Sind es bloß Grundgeſeze unſeres Empfindens und Denkens, d. h.
unſerer Erkenntnißform, ſo muß doch alle
Erfahrung nothwendig dieſen Grundgeſezzen
gemäß ſeyn, und es iſt nicht abzuſehen, wie
wir jemals etwas ſollten wahrnehmen können, was als eine Ausnahme von denſelben, oder als Verlezung jener Grundgeſeze
angeſehen werden könnte. — —

S. 32. Z. 10. für „Mirakel‚‚ mus ſtehen „Orakel‚‚